塔木德

人生實踐版

ユダヤ人の成功哲学「タルムード」金言集

哈佛法學院律師
石角完爾——著
涂綺芳——譯

塔木德人生實踐版

目次

第三章 捨去一切的覺悟能為你開拓一條全新之路

「From Dust to Dust——
人類自塵埃而來。不要執著於生前所得，
因為總有一天我們會回歸塵土。」

前言——《塔木德》記載的人生智慧

「猶太人能率先感知到世界即將發生的不幸，但卻是最後感受幸福的一群人。」

這是常見對猶太人的形容，用以表示猶太人能夠客觀地判斷事物，極具其獨特見解。而日本人經常掛在嘴邊的「多方」思考，只不過是從不同角度觀察相同的事物罷了，也就是說，僅僅是當事人自己轉換各種角度，但主體與客體並沒有不同，自己所在的境界也絲毫沒有改變。

而猶太人所說的「雙向思維」，指的是原先自己所看向的一方，轉向看回自己，也就是主體與客體立場互換，屬於截然不同的境界。

例如，看到「蘋果從樹上掉落」就感受到秋天的落寞，腦中浮現出俳句「熟蘋果噗通一聲掉落的秋日天空」是日本人的思維；思考「為什麼蘋果會掉落」是英國人的思維（牛頓是英國人）；而思考「為什麼蘋果不會被天空吸附，而是往地球表面移動」則相當符合猶太人的思維。日本人與英國人皆是站在地球表面，而猶太人則是將天空與地球置於手心，從一個截然不同的境界俯瞰世界。

看到太陽從東邊升起、西邊落下，便思考為什麼「太陽能在天空移動」，這是哥白尼的思維；猶太人則會思考「若將太陽與地球放在自己手心，將會呈現何種模樣」。如果在日本，有小學生鍥而不捨地追問：「老師，為什麼一個禮拜是七天？」日本老師應該會認為學生在阻擾上課而不予理會。除了日本以外，多數國家的教學環境都會認真看待孩子提出的問題。假設有一個孩子拿到望遠鏡，馬上就興致勃勃地將望遠鏡反過來窺探，那應該就是猶太人了。

也就是說，猶太人總是能從與他人不同的角度和立場去看待事物，從商業的角度來看這一點更是明顯。猶太人在做生意時，總是能提出有別於世界潮流的點子。

猶太人能率先察覺數十年一次、席捲全世界的不景氣或經濟危機，在尚未受到危機波及時，他們會毫不猶豫地立刻退出市場或改變路線。在大家沉迷於景氣熱絡之際，他們也不會和大家一起得意忘形，而是會更謹慎的行動，避免擴大投資的風險——這便是猶太式的風險管理，同時也是「賺錢」的金律。

這套思維也不局限於商業。對猶太人而言，凡事都具有風險，正因如此，猶太人的字典裡沒有所謂的「出乎意料」一詞。他們對任何災難或危機，都會將之視為是「人生可能遭遇的事」，並事先做好準備，所以當危機發生發生時，他們也不會陷入恐慌。因為對他們來說，這種想法已是「猶如呼吸一般自然的習慣」。

那麼，猶太人是如何養成這種習慣的呢？其背後的原因，不僅是因為猶太人經常閱讀記載了許多出乎意料事物的《希伯來聖經》，還因為猶太人遭受長達數千年迫害的歷史使然。沒有「國家」的猶太人，無論身處任何地方都遭受他人的偏見，時常被冠上子虛烏有的罪名遭受嚴重迫害。在二十世紀時，希特勒和納粹德國更殘忍地屠殺六百萬名猶太人。

經歷如此歷史悲劇，猶太人之所以得以克服困境並存活至今，皆是因為《希伯來聖經》和《塔木德》極具智慧的生存戒律。無論遇到任何困難，猶太人總是能從這些經典中尋求應對進退及決策的建議，而他們所做的判斷，總是正確又安全無虞。

為了生存、為了每一天的幸福，猶太人總是在學習《希伯來聖經》和《塔木德》，而這兩部經典可說是猶太人的人生方向指南針。日本出版了相當多工具書，但《希伯來聖經》和《塔木德》並非最近才完成的作品。尤其是前者，雖然已是數千年前的著作，但至今依舊在全世界維持暢銷書籍的冠軍地位。以色列的益智節目若將《塔木德》全三十多冊的書籍作為冠軍獎品，肯定會大受歡迎。

據說《希伯來聖經》是在距今約三千年前（猶太民族約誕生於五千年前），《塔木德》則是在距今約一千五百年前成型。《希伯來聖經》基本上是由《摩西五經》、別名「妥拉」[1]的《創世紀》、《出埃及記》、《利未記》、《民數記》及《申命記》所組成。而記錄口傳律法和希伯來學者的討論的議論文集，就是所謂的《塔木德》。

「塔木德」是古代希伯來文的「研究」和「學習」之意，其內容記載著從日常生活習慣、醫學、衛生、養育小孩、解決紛爭，從家庭、戀愛到性行為等涵蓋所有一切規範和相關論辯。四百頁以上的書籍超過三十冊，其數量相當龐大，主要是以現今伊拉克的巴格達地區，被稱為巴比倫尼亞的時代為主所撰寫的書籍，因此也被稱為「巴比倫塔木德」。這可說是世界上最古老且最龐大的論辯書，猶太人會每天閱讀學習它，所以猶太人才被稱為是世界上最喜愛論辯的民族。

猶太人相當重視記錄，自古以來他們就被稱為「文字之子」，為了讓小孩到大人都能理解並認同《塔木德》的論辯，猶太人留下了無數的寓言故事。而這些充滿智慧的寓言故事，以「讓人類過上更好的生活」為目標，透過文字記載或口耳相傳的方式傳承至今。猶太母親從孩子還小的時候，就會不斷重複唸《希伯來聖經》和《塔木德》教誨相關的故事給他們聽，並針對故事中的人物或動物所採取的行動提出問題，「如果是你的話，你會怎麼做呢？」

孩子回答之後，母親會再次提出疑問，「為什麼你要這麼做呢？」

這些寓言故事的內容會反覆提到，「人的一生中可能會遭遇的各式各樣問題」。這時，母親就會問孩子：「如果你遇到像這樣的事，你會怎麼做？」小孩為了解答難題，就會努力思考、試著找出答案，母親便能從中引導小孩「如果是我的話會這麼做」、「我會用這種方法」，幫助他們找出屬於自己的答案。

如此一來，猶太小孩自然而然能從母親講述的寓言故事中，學習「風險管理」和「分散風險」等概念。我認為，猶太人之所以有眾多成功的商業人士，就是因為他們從小就針對「風險」這個基礎商業概念，從各種不同的觀點累積訓練。

例如，猶太人時常會在吃飯的時候進行論辯。「神是全知全能，所以祂能創造出連自己也無法移動的岩石。所以神並非全知全能。」像這樣，他們會認真地針對這三個論述，辯論其可疑之處。

1 《妥拉》（*Torah*）是猶太教的核心經典，內容涵蓋所有猶太教的律法與教導。

我的本業是國際律師，因為某些緣故改變了信仰，是一個具有從日本人轉為猶太人的特殊經歷者。我從以前就對猶太教有興趣，五十歲過後更是為其魅力著迷，因而立志改變信仰。

但是，改變信仰並非易事。我在宗教導師拉比（Rabbi）身邊，接受了四年的嚴格指導，除了學習成為猶太教徒必要的各種儀式之外，還提交了不火葬的誓約書，也在妻子改變信仰後舉行了猶太婚禮，甚至接受了割禮手術。原先割禮手術是要在出生後的第八天進行，我卻是在成年後經過數十年的時間，才在拉比的見證下在醫院手術室進行。疼痛與出血持續了兩個禮拜，但我還是強忍著繼續工作。比起痛苦，終於能夠成為猶太人的那份喜悅更是強烈。

為什麼我會如此受到猶太教的吸引呢？這個問題的答案會隨著本書內容逐漸明朗。但我可以相當有自信地說，猶太教的教誨，除了豐富我的內心之外，更帶領我耗損的身體走向健康的道路，也讓我更有活力面對工作與商務。

《希伯來聖經》及《塔木德》相關的各種寓言故事，能讓我們了解人生中可能會遇到的各種問題，並讓我們能擁有智慧、柔軟地應對一切，可說是一座知識寶庫。猶太人從小就從這個寶庫中學習，盡情地思索以跨越困境。對於全球發生的自然災害或經濟危機等不平靜之事，猶太人皆比世界上任何一個種族，都還要提前一步敏銳地察覺或「設想」，並提前準備。

最重要的是，這些智慧並非只適用於猶太人，而是提示了全體人類要存活下去的最佳做法。也就是說，猶太教的教誨早已預測我們人類會為了一些事情煩惱、感到辛苦，因而指導我們從嶄新且截然不同的角度來觀察，且提示解決問題的方法，可說是適用於現今社會的聖經。即便過了數千年，這些故事的內容依舊毫不遜色，以最真實的樣貌呈現在我們面前。

金錢、生意，又或者是如何越過人生旅途中遭遇的一切困難等，有非常多我希望現代人能夠學習的知識。本書會從中挑選出特別精彩的故事，向各位介紹。

請各位務必從這些猶太人流傳長達五千年歷史的寓言故事中，找出讓各位度過美好人生的啟示。

第 一 章

吸引金錢的猶太哲學

「世上有三件會傷害你的東西，
它們是——煩惱、爭吵、空的錢包。
其中，空的錢包傷人最深。」

——猶太格言

離「強欲」最遙遠的猶太人

「猶太人擅長賺錢」這是在世界上任何一個國家都會聽到的定論，這或許是因為擁有猶太血統的投資銀行高盛（Goldman Sachs），其掌控世界金融的形象過於強烈所致。

各位也許聽過，臉書創辦人祖克伯（Mark Zuckerberg）當年為了公開募股（IPO），率先確保了自己的表決權，其強烈的慾望就曾在世界各地成為新聞[1]。不過，在這個定論背後，也確實存在「猶太人對金錢不擇手段」、「守財奴」等外界對

1 意指祖克伯設計了雙層股權結構（dual-class stock structure），此結構能讓他和核心團隊的持股擁有更高的表決權，藉此鞏固對公司的控制。

猶太人根深蒂固的歧視。

就連文豪莎士比亞也在《威尼斯商人》中，將高利貸業者夏洛克描繪成陰險、惡毒至極的人。該部戲劇作品寫於十六世紀，正逢猶太人被驅逐出英國之際，莎士比亞彷彿熟知猶太人一般，為其塑造出奸詐、狡猾又醜陋的形象。劇中有一筆交易，主角安東尼必須以割掉心臟旁的一磅肉作為借貸的擔保，並將割肉的刀子交給夏洛克保管。後來在法庭上，夏洛克堅決要依約突襲可悲的安東尼，而正是這個場景，確立了猶太人的邪惡形象。我認為，莎士比亞就是將反猶太主義散播至全世界的當事人。

除了莎士比亞，達文西的畫作《摩西》，也將猶太人摩西描繪成猶如惡魔一般，在頭上長了一對角。另外，宗教改革時期的馬丁．路德也形容猶太人是「極其邪惡且脫離正道」。

在藝術或政治領域對世界帶來莫大影響的人，不斷散播猶太人的錯誤形象。猶太人殺害耶穌基督的說法，也長久以來在天主教中持續流傳。

一九八六年，若望保祿二世（Sanctus Ioannes Paulus）首次以歷代教皇的身分進入羅馬的猶太教堂，針對過去基督教徒所犯下的罪行向猶太人致歉。除了對於長期迫害猶太人一事道歉之外，亦正式承認「猶太人殺害耶穌基督」是錯誤的說法。我認為這件事具有相當大的歷史意義。此外，若望保祿二世在二〇〇〇年訪問以色列，明確宣示「反猶太主義」是對神的褻瀆，企盼兩千年來對猶太人的歧視情感，會因此契機而有所改善。

在對猶太人的偏見當中，最具代表性的就是典型的高利貸業者，及其貪婪的富豪形象。無論是從歷史，或是從現今社會來看，的確，許多猶太人都在經濟方面達到相當高的成就。

但就我來看，這件事從前提來講就是一個錯誤。全世界大約有一千三百萬名猶太人，但其中卻有許多猶太人過著比日本的平均水準還要貧窮的生活，而且多數猶太人都相當重視宗教戒律，過著與貪婪扯不上邊的簡樸生活。

那麼，為什麼如此簡樸的猶太人，能培養出許多商場上的成功人士呢？或許有偏見的人會認為，「說到底，終究還是因為猶太人精於謀利吧」，但這麼說並不正確。這些猶太人之所以能夠吸引成功的祕訣，在於他們得以累積猶太人特有的想法、生活方式，以及歷經數個世代一步一腳印傳承下來的「富腦袋」，也就是所謂的「智慧」。

人的內心平穩與否，視金錢而定

日本有一句諺語說，「金錢會在世間不斷流通」。意思是，即便現在生活窮困，但金錢總有一天會回到我們的身邊，這代表對金錢抱持著樂觀和希望。但是，猶太人的想法卻是，「金錢不會來到沒有智慧者的身邊」。

從另一個角度來看，日本有許多輕蔑金錢的諺語。例如，「金錢和痰盂都是越積越髒」、「有錢能使鬼推磨」等等，這些都是以金錢來形容骯髒之事。在日本人喜愛的時代劇中，時常會出現惡代官收到富商人從袖口遞去的金幣時，竊竊私語說著

「您心眼真壞啊」的場景，這正是邪惡的象徵，也被視為是「金錢足以扭曲正義」的最佳代表。

日本人常說，金錢是破壞人際關係的元兇，像是「錢斷緣亦斷」、「借錢會失去朋友」、「金錢借貸是失和的根源」等等。

猶太人則不像日本人，猶太人不會將對金錢的執著視為不關己事，也不會輕言放棄金錢，更不會覺得金錢「骯髒」而輕視它。比起日本人，猶太人更會從現實層面去看待金錢。

猶太人雖然不認為「金錢至上」，但也絕不會瞧不起或藐視金錢，因為他們認為「**內心平穩與否視錢包而定**」、「**若內心生病，身體也會生病。但若沒有錢，兩者都會惡化。**」也就是說，若想讓身心兩者健全平衡，就需要有一定的金錢。

猶太人看待金錢十分冷靜，他們甚至會形容金錢，「**人類若是錢太多，便會像野獸般具有強烈警戒心，但倘若身無分文，就會不顧一切成為真正的禽獸**」、「**用名為金錢的肥皂清潔，無論何物都會變乾淨**」。此外，他們也將金錢視為能夠開啟人生道路的「**寶貴鑰匙**」。

正因如此，在猶太人長達五千年的發展史中，他們不斷地鑽研智慧，試圖找出為了幸福應該如何有意義地運用這把寶貴的鑰匙。這些智慧代代流傳至今，滲入每一位猶太人的血液，這便是猶太人的現實主義。

「夏日炎熱時，更應該儲存冬天的暖爐燃料費。」

「明日事今日畢，今天的消費延後至明天便能有所儲蓄。」

「三個數錢的方法，那就是節儉、節約、勤勉。」

這些傳遞與金錢有關的智慧，都是出自於猶太教的格言。數千年來，猶太父母以口傳的方式將這些金錢智慧傳給子女，子女再傳給子孫……這種「口傳方式」正是猶太人與日本人不同的地方。

我身為一名國際律師，至今四十年來，我每一天幾乎都在解決各個企業或個人的金錢糾紛。而我可以斬釘截鐵地說，在我的工作當中，日本人經常搞砸那些猶太人不會失敗的事，我時常覺得，如果具備猶太人的金錢觀念，許多糾紛都能夠迎刃而解。

學習猶太人累積財富的能力

二〇〇八年的雷曼兄弟事件[2]，接下來的歐債危機[3]、預期的中國房地產泡沫等，全世界已經邁入崩壞的混亂時代。

日本也受到長期不景氣和經濟衰退的影響，資金周轉困難的公司，或是貧困階

2 二〇〇八年年九月十五日，投資銀行雷曼兄弟因持有大量次級房貸的相關資產，面臨嚴重虧損，無力償還債務，最終宣告破產。這是美國史上最大的破產案，隨後引發全球金融風暴。

3 歐債危機始於二〇〇九年，主要影響包括希臘、葡萄牙、西班牙和義大利等歐元區國家。這些國家因長期財政赤字和過度借貸，債務水平過高，導致金融市場對其償債能力失去信心。

級的勞動者越來越多。再加上二〇一一年發生的三一一大地震，日本獨立行政法人、特殊法人，以及地方政府的貸款加起來已經大幅超過一千兆日圓。而這種情況已經到了無法指望國家，也難以倚靠父母或家人，光是自己一個人要存活下去就已經筋疲力盡的地步了。在這個艱難的時代，唯有靠自己開拓一條存活的道路才行。而猶太人正是在遭受迫害的幾千年來，不斷地藉由自我鍛鍊以度過種種難關。

猶太人一旦發現問題就會深入思考，時常保持腦部全力運轉的狀態，他們比日本人花費數倍的時間在埋頭學習、思考和討論。我認為他們深入事物、深層的思考能力，是日本人完全無法比擬的。正因如此，猶太人才能夠看清時代趨勢，正確掌握資金的流動方向，藉此做好避開生意上可能遇到突發性問題。

所謂「吸引金錢的力量」，並非一開始就是以賺錢為目的，而是最終招來了這個結果而已。單純只是期望能達成平穩和美好人生的目標，「成功」就自然而然來到了猶太人的身旁。猶太人透過研讀《希伯來聖經》，就比世界上任何人都還透徹掌握人類的本質。因為金錢正是人類所創造，金錢會受到「透徹掌握人性者」的吸引，也是理所當然之事。

為了簡單明瞭地將《塔木德》的智慧傳遞給孩童，猶太人用文字和口說的方式，將各種寓言故事流傳給後世。這些故事旨在提示與金錢聰明相處的技巧，並藉此活出一個更幸福的人生。相對的，日本的民俗故事大多與惡靈有關，我年幼時的心靈曾為此受到不小的驚嚇。

我接下來要介紹的猶太寓言故事，雖然僅是滄海一粟，但皆述說了屏除貪婪、活在當下，以及活出精彩人生的重要性，我們會自然而然地認知到，原來這就是「吸引金錢的能力」。

希望各位能夠仔細聆聽蘊含在每一則寓言中、長達五千年的智者之聲。

魔法石榴

從前有個地方，住著感情很好的三兄弟。三兄弟陸續長大成人，於是三人打算花十年的時間，在世界各地修行。三人分別往東、西、南方出發旅行。在出發之前，三兄弟一同發誓，十年後要再回到這個家見面，並且要把這十年之間找到最不可思議的物品帶回來。

往東方前進的老大，從一位旅人那裡買到了一個不可思議的玻璃杯，透過這個杯子，能夠看到世界各地的每一個角落。雖然不知道其他兄弟會帶回什麼樣的物品，但是老大的心中確信，自己手中的杯子，肯定是世界上最不可思議的物品。

老二則是去了西邊，他在某個城鎮遇到了一位地毯商人。他隨口向地毯商人詢問了價錢，不可思議的是，那張老二伸手指向的地毯，竟兀自蠕動了起來。看到這個景象，老二極度吃驚，趕緊向地毯商人問道：「這是怎麼回事？這張地毯底下是不是有老鼠？」

地毯商人生氣地回答：「怎麼會呢！這張地毯是活的，它能夠飛往高處。只要乘著這張地毯，就能夠飛得比鳥兒還要遠。你現在不買的話，它馬上就會被買走了喔！」

聽到這裡，老二覺得這張飛天地毯肯定是世界上最新奇的事物，於是耗費巨資買下了這張地毯。他深信自己一定能靠這張地毯贏過其他兄弟。

老三去的是南邊，他走著走著，不知不覺地走進一座不可思議的森林。在森林深處，他發現了一顆神奇的石榴樹。為什麼說是不可思議的石榴樹呢？因為明明樹上開滿了花朵，但果實卻只有一顆，而且已經熟到透紅。老三不禁好奇的想要摘下那顆果實，才剛這麼想，果實就立刻掉到了他的手上。這時神奇的事情發生了，在樹上盛開的花朵中，有一朵花突然變成了熟得透紅的石榴果實。

「嗯，這就是世界上最不可思議的物品了。把這棵樹帶回去吧！」

此時，石榴樹卻瞬間從老三眼前消失得無影無蹤。老三驚訝地往手裡一看，還好，那顆掉下來的果實並沒有跟著石榴樹一起消失。三兄弟中最年輕的老三，確信這顆石榴果實一定就是世界上最不可思議的物品。

十年過去了。三兄弟依約回到家中聚首，並互相展示自己帶回來的東西。

當他們用老大所帶回的玻璃杯觀看世界各地的時候，看到了某個國家的公主，似乎生了重病，奄奄一息地躺在床上。一旁低聲嘆氣的國王說道：「有人可以醫好我的寶貝女兒嗎？無論找了多少位醫生，這孩子的病始終都沒有好轉，如果不趕緊想辦法的話，這孩子就快要不行了……」

三兄弟聽到國王的話，連忙乘著老二帶回來的飛毯，飛往公主所在的國家。最小的弟弟心想，「只要讓公主吃下我的石榴果實，她的病一定會好起來的。」於是，老三把石榴果實剝成兩半，一半獻給了公主。

一口、兩口，公主吃下果實後，不久臉上就恢復了元氣，原本連下床都有困難的公主，現在有力氣站起來了。國王感激地向三兄弟說：「托三位的福，公主的病痊癒了。你們其中一人，可以跟公主成親。請你們討論一下吧！」此時，公主說：「請讓我來問問他們吧。」

首先，公主向老大問道：「你用能眺望世界各個角落的玻璃杯發現了將死的我，請問那個猶如望遠鏡的杯子，現在還是原來的模樣嗎？」

「是的公主，杯子還是原來的模樣。」老大回答。

接著，公主又問老二：「你乘著飛毯迅速趕到我身旁，請問那張地毯現在還能飛上天空嗎？」

「是的公主，飛毯完好無缺，還是能飛到空中。」

最後，公主問老三：「那麼最小的弟弟，你讓我吃下石榴果實，治好了我的病，那顆果實跟從前相比，有任何不一樣嗎？」

老三回答說：「是的公主，因為我把一半的果實獻給了您，所以現在它只剩下一半了。」

此時，公主高聲宣布說：「我要和最小的弟弟結婚。因為他為了我，失去了一半貴重的石榴。」

「No Pain, No Gain」——沒有犧牲，就沒有所謂的成功

你肯為成功失去多少東西？

當摩西帶領猶太人逃離埃及的時候，他們捨去了所有無法隨身攜帶的財物，唯一沒有丟棄的僅有身上所穿的衣服而已。無論是財產或早已習慣的住家，他們捨棄了所有身外之物，在那之後，他們更是在沙漠裡徬徨了四十年之久。猶太人可說是

為了逃離奴役生活而付出極大的代價。而「魔法石榴」這個寓言故事，正是以簡單易懂的方式，告訴讀者應從史實中汲取教訓。

這些都是猶太母親會說給孩子聽的故事，但是她們通常不會把故事講完，只會講到一半。母親會問孩子：「那麼，公主最後會選擇三兄弟中的誰，作為結婚對象呢？」然後等待孩子的回答。當孩子說出自己的答案之後，母親一定會進一步問「為什麼」，這就是猶太式教育的起點。母親不會輕易說出答案，即使孩子猜出正確答案是「最小的弟弟」，只要孩子說不出理由，母親就會不斷追問「為什麼」。當孩子絞盡腦汁想出「因為在三個人之中，最小的弟弟損失最大」這個答案之後，母親便會微笑地誇獎孩子做得好。猶太小孩就是在這個過程中，透過「為什麼」來學習。

在有所得之前，一定會有所失。稍後會提到英特爾（Intel）的創辦人安迪・葛洛夫（Andy Grove）正是身體力行的實踐了這句話。不先失去，就不會有所得。一無所失、輕鬆獲取成功是不可能的事。這些猶太小孩自小就被灌輸所謂「No Pain,

No Gain」的觀念，也就是「**沒有犧牲，就沒有所謂的成功**」這套超越金錢哲學的人生哲學。

決定捨棄的時機，其實也相當重要。母親會教導小孩，等到看見所得之後再捨棄寶貴之物是不行的——不是為了獲取而捨棄，而是不捨棄就無法開創道路。許多企業就是因為不願意捨棄，導致自己走向破產之路。

例如，柯達（Kodak）公司就是因為不想放棄底片事業，未能跟上數位相機的浪潮，最後失去一切，走向破產。由此可知，猶太教的教誨也能適用於現代的商業之中。

股票投資的鑒戒

若把「魔法石榴」這個寓言故事套用在現代商業行為的話，就是在告誡我們要慎重看待股票投資一事。想必有很多人因為雷曼兄弟事件或歐債危機所引發的全球股災，而蒙受極大損失。

我們可以把股票投資視為是看清全球各地的望遠鏡（資訊），或是能夠快速飛往目的地的魔毯（手段）。股票投資人正是認為自己掌握了其他人不知道的資訊，料想自己不會有所失，想透過特殊的資訊獲取金錢。換句話說，就是期待仰賴「資訊」和「手段」賺錢。為了讓自己賺錢，就會想要比他人更早知道資訊，過去的村上基金[4]正是在做這種事。二〇〇七年的次貸危機也是利用他人的財富去運用槓桿（借貸），將這些錢轉換為證券及其他金融商品（手段）銷售到全球各地。「自己什麼都不做，就想要大賺一筆」，這就是投資銀行的貪慾。雖然前述的寓言故事省略了對貪欲的描述，但其中描繪象徵「不想失去任何事物，只想要有所得」的代表，就是大哥與二哥。

4 一九九九年在日本成立的知名基金，因內線交易及炒作特定公司股票的醜聞在二〇〇六年解散。

至於老三為了拯救公主而失去了自己一半的寶物（付出一半石榴），這個行為就是以自己要先有所失為前提。由此看來，這個寓言故事告訴我們的是與股票投資（買空賣空、不付出本金的行為）完全相反的概念。

當了十年沒有支薪的見習廚師，一邊洗碗，一邊修練料理的技術，耗盡所有積蓄開創自己的事業，或是把自己的房子做為抵押品向銀行貸款來創辦事業，這些都比較類似於老三失去石榴的故事。

日本充斥著「快速賺錢」的投資案，或是「輕鬆賺錢的副業」之說，有許多日本人因此受騙、失去財產。而石榴的寓言故事，正是對這類想輕鬆賺錢者的警告，同時也在告誡我們，這類輕鬆賺錢的話術必定隱藏著陷阱。「唯有經歷苦難」才能夠看清陷阱。

最近出現許多像是創投等完全不用拿出本金，一切仰賴他人資金開創事業的創業家，這些人就完全無法成為「失去半個石榴」的老三。即便取得暫時性的成功，沒有伴隨自我犧牲獲得的利益，就只是「僥倖」而已，不可能長久。

律。

「不失去重要的事物，便什麼也得不到」，這便是猶太人謹記在心的致富金

七隻健壯的牛，與七隻骨瘦如柴的牛

某天，古埃及的法老做了一個夢。他在夢裡看到，尼羅河河畔出現了七隻身材圓滾滾、相當健壯有力的牛，牛群正在吃著河畔的蘆葦。正當法老準備離開時，奇怪的事情發生了。那群健壯的牛群身後，出現了七隻瘦骨嶙峋、看起來非常不健康的牛群，而這些連肋骨都能看得一清二楚的牛，居然把原先那群健壯有力的牛吃掉了。

夢醒之後，法老召集了國內所有的預言家和臣子們，徵詢這個夢境的神諭，但沒有一個人知道這個夢代表什麼意思。此時正好有一名被關在牢房裡的希伯來人，據說他的解夢相當準確，於是法老便將他喚來跟前。這名希伯來人，正是日後當上埃及宰相的約瑟。他是人類史上第一位經濟學家，以能正確判斷時代趨勢而聞名。

約瑟向法老訴說自己對夢境的解釋：

「接下來，埃及會迎來七年的大豐收，風調雨順，五穀豐登，富足得令人吃驚。但在這之後的七年，則會遇到大饑荒，任何作物都無法生長，就連一粒小麥也無法收成。此時人民怎麼樣也無法回想起先前豐收的事。如此恐怖的大饑荒，將會持續長達七年的時間。」

聽了約瑟的話之後，法老任命約瑟為宰相，為七年的大饑荒做準備。法老問他：「有想出什麼好對策了嗎？」

約瑟說：「在前七年大豐收的期間，要盡可能地把收成的作物儲存起來，不能消耗殆盡。」

法老採納了約瑟的建言，盡量節約、儲存糧食。

於是七年的大豐收過去了，第八年果然如約瑟所說的迎來了大饑荒。這場災難不但席捲整個埃及，更蔓延到了全世界，人類因此而受苦七年。鄰近埃及的國家因為這場大饑荒而失去了所有財富，唯有法老領導的埃及，因為聽取了約瑟囤積糧食的建言，成功度過漫長的苦難。

豐足之後必會迎來貧窮——但貧窮之後卻不一定會迎來豐足

唯有做好萬全準備之人才能脫離困境

世界上沒有任何書籍能像《希伯來聖經》一樣，對商務人士有所助益，甚至比那些內容薄弱的經濟新聞或工具書還來得實用。我認為《希伯來聖經》才是承載所有人類睿智的最佳商業書，而且每次閱讀都能從中獲得新的啟示，不會有看膩的一天，永遠都是新書。

在《希伯來聖經》的《創世記》中，確實收錄了前述「七隻健壯的牛，與七隻骨瘦如柴的牛」的寓言。幾年前，一位歐洲某銀行的總裁翻到了這篇故事之後，就在他的經營報告書裡，寫下針對次貸事件引發全球金融危機的因應對策。他的銀行因而得以在雷曼兄弟事件爆發後，不但能持續獲利，就連資產負債表的資產也持續增加。

就如同約瑟向法老的建言，這位歐洲銀行總裁為了讓公司能平安度過不知何時會到來的危機，在泡沫經濟景氣好的時候，早已做好了萬全準備，極力避開那些聽起來相當危險的投資，因此才能在泡沫經濟破滅後，未持有任何會侵蝕銀行經營的不良債權——正因為對寓言中「**豐收時更應該格外留意糧食儲備**」的教誨有所領悟，他才能成功度過金融危機的「大饑荒」。

猶太民族視數字「七」為一個段落，出現在寓言故事中的牛群數量也是「七」。根據《希伯來聖經》記載，神僅花了六天的時間就創造了天與地，到了第七天則開始休養。人類史上首創「工作六天、休息一天」循環的就是猶太人。在農業方面也是，猶太人持續耕作六年之後，第七年便會休耕，這是因為如果持續耕作下去，土地便會逐漸貧瘠。

猶太人也會以大約七年為期，思考經濟的變動。如同寓言中的大豐收和大饑荒，發生的時間點皆是以七年為單位，景氣的好壞循環也是以七年為周期去變化。

以這個周期循環來思考的話，二〇〇八年雷曼兄弟破產引起的全球恐慌理應會持續一段時間，而二〇〇九年的歐債危機也是因為許多歐洲銀行持有不良債權的緣故。「蕭條過後景氣會復甦，只要靜靜忍耐便有雨過天晴的一天」——事實上並非如此。所謂「黑夜總會迎來黎明」，其實根本就是謊言。

猶太人除了學到許多比其他人更早察覺到危機的方法之外，更是被教導當實際遭受不幸時，必須拚死想出逃離困境的方法。

換句話說，唯有在白天時就為夜晚做好準備之人，才能夠迎接曙光；不準備者則看不到隔天的太陽，也就是所謂的不見天日。日本人從小被教導「有苦就有樂」，只要懂得忍耐，總有一天會獲得幸福，可是從猶太人的角度來看，這完全是錯誤的教誨。猶太人認為「有苦才有樂」，當下遇到困難不該忍耐，而是應該努力將之轉換為快樂。若不趁著陽光照射之際做好平安度過黑夜的對策，便會永遠被封印在黑暗之中，這才是猶太式教導。

借款七年一筆勾銷

在猶太人的金錢借貸方面，七年也意味著告一個段落。《希伯來聖經》記載「**超過七年，不得要求返還借貸**」，也就是說，只要是超過七年的借貸，就必須將之一筆勾銷。

那麼，如果在七年前借出一筆錢，兩年前又再次借出一筆錢給同一個人的話，追加的借貸金額要怎麼計算呢？關於這個問題，也可以從《希伯來聖經》中找到解答，那就是「兩年前借出去的那筆錢也應一筆勾銷」。

如此一來會發生什麼情況呢？

那就是在接近第七年的時候，借款人若因故想再次向同一位債主借錢，債主也不會再把錢借給他。而《希伯來聖經》甚至也預測到這種狀況，教導信徒在借貸期將滿七年時，不能再對同一位借貸者伸出援手。

在這種猶太社會風氣之下，各位或許會認為，富有者平白無故被貧窮者「敲詐」了，實際上確實是如此，《希伯來聖經》將之視為是富裕者的義務，是理所當然的事。任何時代都會有貧窮者，富裕者必須借錢給他們——神下達了這個命令，而神會給予這些富裕者祝福作為回報。

現在的日本，金錢匯集在特定地方，不會借給貧困者。銀行從一般民眾的存款籌資借給大企業，對一般民眾卻是「沒有不動產等擔保品」就不予核貸，可說是百分之百違反了《希伯來聖經》的教誨。相對的，猶太人認為，富有者更應該借錢給那些連住處都沒有的人。

順帶一提，七年的借貸期限一到，包含追加借貸的金額會一筆勾銷的猶太模式，跟日本的消費者貸款做法完全相反。

日本的消費者貸款為避免時效消滅，會不停增貸（追加融資），並將原先的貸款納入新的貸款，一旦借了錢，唯有清償債務或過世才能夠逃離，這就導致因為負債而自殺的人口居高不下。同樣身為國民，卻憑藉犧牲同胞來賺取利息，將財富聚集在自己身上。

猶太教的神絕對不會姑息這種事情，因為猶太人知道，若不這麼做，一來會像日本一樣，許多人將因此走上絕路，二來「**避免犧牲眾多同胞，讓財富聚集在特定同胞身上**」這條猶太戒律也無法付諸實行。

在日本，借錢是有錢人的專利。我曾經為了我家老三考上哈佛商學院的學費問題，跑了非常多間金融機構，累到腳都走不動了，但是卻沒有一間銀行願意借錢給沒有住處、沒有大企業的員工證，靠自己努力創業奮鬥的年輕人，現在回想起來真是過分。

在這種環境之下，根本不會出現成功的新創公司。《希伯來聖經》中「要對貧窮者伸出援手」的旨意，看來完全沒有影響到日本。我的小孩最終因為美國某位慈善家的獎學金，得以從哈佛商學院畢業，但那位慈善家在日本卻被稱為「吃人禿鷹」，而他只不過是遵循猶太哲學裡的「積善陰騭」（默默行善）罷了。

另一方面，日本的行善者多半會大張旗鼓地在媒體宣傳「我某某某捐了多少錢給地震受災戶」，民眾看到便會誇讚「某某某真是了不起」。但說到底，受災戶是否能確實收到他宣稱的捐款金額，答案仍是未知數。換作是猶太民族，則會聚焦在實際的作為上，這便是猶太「Tzedakah」（義舉）[5]的教誨。

行善時要做到一視同仁

「布施時，最好要一視同仁。如此一來，接受施捨者才不會覺得自己悲慘。

但若是遇到不得不只向特定之人布施時，最好是以『借錢』的名義進行，因為借貸關係是對等的，用『借錢』的方式布施，才不會讓受施者感到難堪。

相對的，也不能對受施者催款，要等到對方有能力償還的時候，再讓他還錢。」

不要讓借錢者受到屈辱——借貸時不得傷害對方的尊嚴

重視他人的尊嚴

這是具體教導布施金錢方式的猶太格言。

布施錢財給遇到困難者，會讓布施的一方覺得「做了好事」而心情愉悅，甚至也會因布施他人而產生優越感。但是，接受布施的一方在感恩的同時，大多會對自己的境遇深感悲傷。尤其是在一大群人面前接受布施時，自尊心會更受傷。

猶太教教導我們，布施要低調進行，絕對不要讓受施者有這種受到屈辱的感

5 Tzedakah 是希伯來語，其字面含意是「正義」或「公正」。它不僅代表猶太人源自信仰的慈善觀，還具有比一般捐贈更深的道德和宗教內涵，請詳見後文。

受。因此，在布施時不能針對特定之人，而是要分配給在場的所有人。即便對方只有一人，也不要以「布施」的方式進行，而是要採取「借貸」的形式。在金錢的處理方式上，猶太的神始終站在弱者的一方。

關於金錢的借貸，《希伯來聖經》中記載了詳細的規則：

1. **不得去債戶家拿取擔保品。必須在債戶家門外，等待借主拿擔保品出來。**
2. **不得進入債戶的家。**
3. **債戶的衣服、寢具和隨身物品，到傍晚時就必須歸還。**
4. **不得將寡婦的衣服作為擔保品。**

上述皆是站在貧困者那一方所制定的猶太戒律。若以現今日本的金融法規來解釋的話，也就是零利率貸款、禁止強制要求擔保、禁止以家中物品作為擔保品，以及前述的七年時間一到，包含新增的借貸都必須到期消滅等。所以，若日本必須嚴格遵守猶太戒律的話，金融業恐怕會因此瓦解。

只願意借錢給有錢人，對於貧困的年輕工作者卻只用一句「貧困是自己造成的」來劃清界線。貸方是強者，而借方則是弱者，連借錢資格都沒有的人，更是處於弱勢。

正是這種制度和思維模式，剝奪了日本年輕族群的希望及活下去的力量。常有人說日本不景氣、缺乏經濟活力，但實際上剝奪年輕人創新改革意願的，正是這個國家優待富人的制度。

日本的金融制度遠從明治時期，就已脫離讓金錢流向平民的平民金融，取而代之的是所謂的產業金融，也就是聚集平民的金錢，投入大企業的「繁榮富人、榨乾平民」的制度。為了能依附在安全的大樹底下，每個人都期望能當個大企業底下的上班族，進而也讓自己的小孩被捲入考試競爭中。

土地是神賜予人類的

耶路撒冷住著一位信仰虔誠，且相當仁慈的農夫。儘管他經營著一個規模極大的莊園，每天還是會不間斷地祈禱，贊助每年來訪的拉比，維持禮拜場所的資金，或是建造學校的資金等，都十分慷慨地給予布施。除了拉比之外，對於貧困、生病、年邁無法動彈的人，他也都會竭盡全力給予援助。

有一年，大風暴席捲了耶路撒冷，農夫的果園被風吹得東倒西歪，更糟糕的是，傳染病蔓延開來，他飼養的家畜也全數死亡。

先前投資在這位富裕農夫身上的債權人見狀，紛紛有了危機感，他們扣押了農夫的住家、家中物品，甚至是土地等所有的財產。這讓農夫僅剩一小塊土地。

但是，農夫並不為所動，他認為，「這些東西都是神賜予給我的，現在神要拿回去也是無可奈何之事」，因而完全沒有一句帶有恨意的話。他想著，只要像以前一樣，從一小塊土地開始耕作就好了，於是他每天一大早便開始工作。

這一年也像往年一般，拉比再次來訪。他們對農夫困窘的處境感到十分驚訝與同情，「明明你不久前還豐衣足食的啊！」

「過去我有能力捐獻很多，但是今年我沒有錢，沒有辦法付出什麼。我該怎麼辦呢？」農夫對於要讓這些難得來訪的拉比雙手空空地回去，心裡感到十分抱歉。

於是，他賣掉了自己所剩的最後一小塊土地的一半，把錢捐給了拉比。拉比對這筆出乎意料的捐獻十分驚訝，也對農夫的虔誠信仰感激不已。

拉比離開之後，農夫繼續在變得更小一塊的土地上耕種，不料他的牛卻突然倒在泥沼裡，並且不斷地下沉。農夫手忙腳亂地想把牛隻挖出來。此時奇怪的事情發生了。在深陷泥濘中的牛隻腳邊，突然出現了大量的金幣。也因為獲得這些金幣，農夫又得以經營一座規模龐大的莊園。

隔年，拉比再次來訪。原先以為農夫還是過著貧困的生活，在看到農夫氣派的莊園之後相當吃驚。

農夫將自己不可思議的遭遇告訴拉比。拉比並不覺得意外，他們向這位虔敬的農夫說道：「慷慨付出，總有一天幸福會回到自己身上。」

土地是屬於誰的？——土地所有權五十年就要歸還給神

土地屬於神的認知

這個寓言故事最重要的，莫過於結尾拉比的教誨，「只要慷慨地布施，儘管遇到不幸之事，總有一天能夠找回幸福」。這與猶太人「不得獨占財富，需將財富分給貧窮之人」的教誨一致。

儘管農夫因為風暴失去所有財產，但依然不忘信仰，就算賣掉僅存的一小塊土地也要有所貢獻，這個寓言正是告訴我們，農夫的所作所為，神都看在眼裡，所以必然會有所回報。

猶太人在向教堂捐獻或布施貧困之人的行為，稱為「Tzedakah」（義舉），我會在稍後的寓言故事中進一步解釋。這裡我要先介紹一個猶太思想——土地是屬於誰的？

人類想要賺大錢，土地的利用是最不可或缺的一環。但在《希伯來聖經》中卻禁止人類為了經濟活動而永久持有土地，「土地是屬於神所有」的文字敘述也經常出現。或許卡爾．馬克思（Karl Marx）[6]就是從《希伯來聖經》的敘述，開始否定土地私有制，進而構思出共產主義思想也說不定。由此來看，現今世界上最猶太化

6 十九世紀的德國哲學家、經濟學家及革命理論家，曾預言無產階級將推翻資本主義，是馬克思主義的創始者。馬克思亦是一名猶太人。

的國家，應當是中國。

所謂「土地是神的所有物」，也就代表土地「並不屬於人類的東西」，因此，這個思想有別於中國共產主義的「土地國有制」，或日本資本主義中的「土地私有制」。《希伯來聖經》看待土地，便是從使用權（Rent）與租賃權（Lease）的觀念出發，否定土地的所有權，因為唯有神才是土地的所有權人。

在日本，土地私有制是被認可的，而這與《希伯來聖經》的觀念相反。但是仔細一想，其實日本也不存在土地長達一千年，甚至兩千年都隸屬特定一人或組織的情形。那麼，從大方向來看，是否也可說是符合《希伯來聖經》的觀念呢？

人類只不過是向神借用土地一段時間罷了。即使在土地上蓋了房子，還是有可能因為洪水、颱風、火山爆發等天災而毀於一旦，土地甚至可能在地震或地殼運動發生時消失。二〇一一年發生的三一一大地震引發海嘯吞噬了人和房屋，讓人類再次見識到天災的恐怖。即使是在幾乎沒有地震的英國等地，也不斷出現因為戰爭而失去土地的情形，所以其實沒有任何不同。

寓言故事中的農夫，也是遇到相同的遭遇，失去了一切。但是，他卻說「**這些東西都是神賜予給我的，現在神要拿回去也是無可奈何之事**」，這是因為農夫明白《希伯來聖經》的教誨，才能夠平靜地說出這番話。

人類只能跟神借五十年土地

那麼，《希伯來聖經》是如何規定土地管理呢？古猶太教認為，人們只能向神借用土地五十年。

英文有「禧年」（Jubilee）這個詞，意思是「慶典之年」、「喜悅」，可用於任何值得祝賀之事。禧年一詞源自猶太人逃離埃及，抵達與神約定的應許之地迦南，之後每五十年，猶太人都會慶祝「禧年」。

五十年，對猶太人而言是所有事物都會替換的時期，也就是所謂的「清算之年」，所有一切都會一筆勾銷。

前文曾提到，猶太人認為「七」是告一個段落的數字，在金錢的借貸方面，也是滿七年就可以將債務一筆勾銷。七年重覆七次是四十九年，在隔年的「第五十年」會有新的事物發生，這就是猶太人的思想。

古猶太教認為，使用土地五十年後就應該將土地歸還給神。因此，地主會在這個時機點結束當期的耕作，並解散在該土地工作的農民、佣人，甚至是家畜等都會一併解放。

五十年幾乎等同於人的一生，他們認為應該將父母累積的財產歸還給神或社會，讓小孩開始展開新的人生。這個制度若能延續至現今社會，應該就不會再有孩子為了爭奪父母的財產而產生糾紛了。

嚴格遵守這項教誨，應該也沒有人會在第五十年變得身無分文，這項教誨可說無時無刻影響著猶太人的行為模式。猶太人之所以讓人感覺他們處之泰然，或許是因為他們深知「無論生活多麼富裕，也總有一天會遇到人生清算之年」的緣故。華爾街出身、曾經擔任美國財政部長的羅伯特・魯賓（Robert Edward Rubin）即使身處極度貪婪的金融世界仍鎮定自若，他認為，「即使失去一切，只要能在深愛的巴黎塞納河畔，閱讀哲學書度過每一天，人生足矣。」

此外，就算努力累積至今的一切被清算、重新來過，依舊能夠堅持信仰，不忘對貧窮者的善行的話，接受恩惠的日子必定會到來——正是因為猶太人具備這種思維，才造就他們在面對磨難時更能處之泰然。

拿破崙與鯡魚的故事

拿破崙征服歐洲之際，向提供協助的支援者表示，「我會給你們獎勵，說說看你們想要什麼」。

法國人想要「葡萄園跟葡萄酒廠」，德國人想要「大麥田跟啤酒廠」，義大利人則想要「小麥田跟能做出好吃義大利麵的工廠」。而猶太人卻只要求「我只想要兩條鯡魚」。

於是，猶太人的願望得以立即實現，帶著兩條鯡魚回家了。

其他國家的人說道：「難得拿破崙大人要給我們獎勵，他們竟然只要求那麼渺小的禮物，猶太人真是笨啊！」

但過了不久，拿破崙就垮臺了，所以只有猶太人實現了願望。嘲笑猶太人的他國支援者最後什麼也沒能拿到。

賺錢要腳踏實地——重複累積微小、但實際可得的利益

權力會不斷轉移

拿破崙在距今兩百年前的十九世紀初期征服了歐洲，而猶太寓言故事中也經常會出現時代霸者之名。拿破崙的名字之所以會出現在猶太寓言中，或許是要向猶太人告誡「權力會不斷轉移」這件事。

那些認為拿破崙的天下會持續長久，而提出許多要求的他國支援者，最後什麼也沒能拿到，僅有猶太人的渺小願望立即得到滿足。這個寓言故事正是要告誡人們，「做人不要貪得無厭，凡事都要踏實地從能立即實踐的小處著手」。重複個幾十年，不知不覺就能累積一大筆財富。

猶太教並不否定「賺錢」這件事。事實上，在人類受難史上，每一個民族為了存活，都必須要有足夠的錢來換取每天的糧食。財富正是重複累積微小的利益而來，企圖一攫千金的人，最後什麼也拿不到。

這個寓言之所以用價格低廉的鯡魚為例，就是要告誡猶太人，「**即使遭受他人貶低，最重要的是能夠確實拿到手的每日糧食**」。從中同時也可聯想到，若能率先接下不受歡迎的工作，便能確實轉化為財富的思維。而這也是為什麼猶太人大多在歐洲中世紀，負責基督教徒所厭惡的「借貸業」之原因。

猶太人經營的金融業規定「不得向同胞收取利息」。此外，「不得侵害借戶的生活權利，也不得要求借戶提供擔保品」。同樣的，銀行也不得拒絕貸款或收回貸款。這就代表在猶太人當中，並沒有人是為了賺錢而投入金融產業。但是，也正是因為有著如此嚴格的規範，所以才有許多猶太人能在幾十、幾百年中不斷賺取微小利益，而在金融業獲取成功。

反倒是因為有所規範，事業才得以確實穩健地延續下去。猶太教之所以格外重視戒律和規範（Discipline），是因為他們深知「無法堅持，就無法成功」的道理。

頭戴金冠的麻雀

所羅門王是猶太民族歷史上最有名的君主，據說這位賢明的君主會乘坐在鵰背上飛往天空，視察領土內的各個角落。

有一天，所羅門王正乘著鵰從耶路撒冷朝著遙遠的領土前進時，碰巧身體不舒服，差一點就從鵰背上摔下來。

看到這個情形，上百隻麻雀便上前撐扶所羅門王，避免他掉落。所羅門王十分感激麻雀們的幫助，於是對牠們說道：「你們想要什麼賞賜呢，不管是什麼，我都會答應。」

這群麻雀回巢之後，激烈地商量究竟要拿什麼賞賜。但是，大家各說各話，意見一直無法整合。有包括「隨時都能隱身的葡萄莊園」、「隨時都能喝水的水池」、「希望能在原野上灑落穗，讓我們隨時都有食物吃」等各種意見。

這時候，有一隻麻雀說道：「如果能跟所羅門王戴著相同的金冠在天空中飛翔，那該有多麼帥氣又值得驕傲啊！」對此所有麻雀紛紛表示贊同：「沒錯！就是這樣。」

於是，麻雀的代表告訴所羅門王：「希望國王能賜給我們跟您一樣的金皇冠。」所羅門王聽了，眉頭一皺地說：「我覺得這個想法不大好，你們要不要重新考慮呢？」但麻雀們依舊堅持想要這個賞賜。「那好吧，既然你們這麼說，那就沒辦法了。」所羅門王果然實現了麻雀們的願望。

頭戴金冠的以色列麻雀，高興地在空中翱翔。從前根本不把麻雀放在眼裡的獵人，看到金光閃閃的麻雀，開始大肆獵捕牠們。

許多同伴都因此被獵殺了，最後，以色列全國只剩下五隻麻雀。這些死裡逃生的麻雀趕到所羅門王身邊說：「是我們錯了！我們不需要金皇冠了！」

當金皇冠從麻雀的頭上取下之後，牠們終於找回平靜的生活，幾年之後，麻雀的數量又恢復到先前的水準。

炫耀財富會自取滅亡——看起來不顯眼的麻雀才是最安全的

安全、低調、慢慢累積

這群麻雀如果能夠摘下頭上的金皇冠，在天空翱翔時就不會被獵人擊落了。這個寓言和前文拿破崙的故事一樣，都是告誡大家「如果不是如同獅子般的強者，即使賺了錢也要維持窮困時的習慣，否則將會讓自己陷入險境」。猶太教透過許多寓言故事囑咐弱者，為了安全起見，不要過於顯眼，世世代代努力累積小小的財富才是最重要的事。弱者不得學習有錢人的作風，否則會被強者盯上——這便是長久以來處於弱勢，屬於猶太人的危機管理方式。

對因為戰敗淪為弱勢的日本而言，巧克力和紅酒是憧憬之物。當日本人沉醉在經濟成長的泡沫之中時，就猶如那群渴望金皇冠的麻雀，大肆購買薄酒萊新酒、情人節巧克力、LV、勞力士等奢侈品。

但是，儘管是憑藉努力獲得的利益，一旦像有錢人一樣大肆揮霍，稍微不注意就有可能被強者盯上，引火上身而失去性命。日本在紙醉金迷的八〇年代泡沫經濟時期，彷彿刻意炫耀般地買下了洛克斐勒中心[7]和美國的知名高爾夫球場，做了極為引人注目的事情。當泡沫經濟破裂之後，日本不但失去原有的資產，更背負巨大債務，企業接二連三地陷入倒閉危機。

自古以來，猶太人就知道不能當一隻「頭戴金冠翱翔天空的麻雀」，而是要沉著冷靜，選擇從事實在且穩健的行業，像是二手書店、古藝術商、古著店或是骨董飾品店等，與「古」相關的事業不僅不會引人注目，又能賺到一定的獲利，這些都是猶太人的獨占市場。當時猶太人正逢被基督教君主關在隔都（ghetto）[8]當中，唯有販售古著獲得許可，也是歷史原因之一。

猶太人透過「No Pain, No Gain」（沒有犧牲，就無法有所得）這句話，解釋「失去」的數量，也就是自我犧牲的多寡，並將此視為判斷自己能接受的利益尺度。

為了時刻告誡自己不要沉迷於利益中，猶太人不斷訓練、累積自我獲取「適當」利益的認知。

7 一九八九年十月，日本泡沫經濟達到頂點的這一年，三菱集團以八．四六億美元買下位於紐約第五大道的洛克斐勒中心。

8 意指中世紀歐洲城市中，為猶太人強制設立的居住區，通常與主流社會隔離，生活條件惡劣。

誠實的裁縫鋪

曾經有一個國家發生了大乾旱，一連好多天都沒有要下雨的跡象，所有的作物都枯萎了，家畜因為無水可喝也接連死亡。

這時，某一個村子的拉比做了一個夢。在夢中，神對著拉比說道：「下一個安息日，要讓裁縫鋪的老闆在講壇（Bema）上祈禱。如此一來，我便會降雨滋潤大地。」

隔天早上，拉比想起了這個夢境，卻立刻改變了想法。

「那位裁縫鋪老闆不大會讀希伯來文，對《聖經》的內容也不熟悉，怎麼能讓他代表所有人在講壇上祈禱呢？這個夢不可信。」

當時規定在祈禱時，必須使用希伯來文，而希伯來文是一種必須用心才學得會的語言。於是，拉比召集村裡會說希伯來文的人，持續地祈禱，但卻完全等不到降雨。

過了一個星期，拉比又再次做了相同的夢。他心想，這肯定是神的旨意，連忙請來裁縫鋪的老闆進行祈禱。

裁縫鋪老闆手拿工作用的捲尺，抱著平常心朝講壇走去，用自己的語言說出了以下這段祈禱詞。

「神啊，我從事裁縫工作已經快四十年了，我從未騙過人，也從未做過狡猾、有套路的生意。

我手中的捲尺，就如您所看的，我用的是準確、沒有一絲偏差的捲尺。其他的裁縫鋪會刻意把捲尺的刻度縮小，讓客人感覺用了很多布料，並為此支付高額的費用。

麵粉鋪也會刻意對磅秤動手腳，出售斤兩不足的麵粉。油品鋪同樣也會短斤缺兩。

而我完全不會這麼做。如果您願意認可我誠實又講求公道的生意，就請您賜予降雨吧！」

此時，突然雷聲大動，轉眼間天空就變暗了，接著開始下起滂沱大雨。那是滋潤大地的雨，人們發出熱烈的歡呼聲，國家也因為這場雨而得救。

在猶太會堂的信眾看到裁縫鋪老闆創造的奇蹟，立刻跑回自家店鋪，將磅秤或捲尺等生財器具，調整回準確無誤的度量。

在那之後，全國人民紛紛效仿這位裁縫鋪老闆的做法，再也沒有會造假或做不正當生意的商人了。

神看到這些改變十分滿意，每一年的特定時期便會開始下雨，居民再也不必為了乾旱而感到困擾了。

用不正當的手段賺錢，幸福會離你而去

——誠實以對，財富自來

思考金錢的魔力與重要性

猶太小孩就是聽著這些寓言故事長大的，當他們看到有人因不正當的手段獲利時，就知道自己絕對不可以效仿。

這個故事要告訴我們的是：做生意最重要的並非是金錢本身，而是要「貫徹誠實的人生」。

再次強調，猶太教視「金錢」為重要之物，他們認為有錢勝於沒錢，金錢能讓人過上幸福的人生，他們不會矯揉造作地說「就算窮，只要高風亮節，人生就算圓滿」。對猶太民族而言，貧窮是單純的「不幸」。貧窮不僅無法養家活口，也無法讓孩子接受教育。「只要自己出淤泥而不染就好了」，這完全是詭辯。

即使如此，猶太人通常會以兩個面向看待事物。除了金錢的重要性之外，同時也會反覆思考金錢的「魔力」。過度追求金錢的人，會忘記同樣重要的「合理性」與「誠實」。

《聖經》當中並沒有記載賺錢的方法，但卻有明確指示與金錢相關「不能做的事」。猶太人認為，正確的賺錢方式，必須透過合理且誠實的方法進行。自幼接受這種教誨的猶太人，根本不可能像莎士比亞筆下的夏洛克一樣，經營惡毒的生意。

日本有一句諺語叫做「老實人吃悶虧」，這根本不是智慧，聽起來就像是貪婪者為了將自己的行為合理化而自圓其說，其中更帶有認為老實人遲鈍、沒有智慧的歧視態度。但是，真正吃虧的其實是那些輕視老實人、傲慢自大的強者。

要小聰明做生意賺錢的人，無論賺了多少錢，也絕對不會為自己及家人帶來幸福。反而會惹看透一切的神生氣，最後招致不幸。《塔木德》的教誨中就有這麼一句話。

「不得將新鮮水果放在舊水果之上，一起在籃子裡販售。」

猶太教的教誨都相當實際且具體。曾經在日本鬧得沸沸揚揚，將普通牛肉偽裝成品牌牛肉販售，或是調整賞味日期等，其實也是類似的事。「誠實的裁縫鋪」將這個教誨，用孩童也能理解的方式呈現出來。

「金錢，只要透過誠懇實在的工作態度，賺取讓自己和家人不用煩惱三餐的溫飽、足以活下去的金額即可」，之所以能夠如此斷言，正是因為充分理解金錢的恐怖魔力，猶太教才有如此的教誨。

「反壟斷法」的起源是《希伯來聖經》

大部分經濟先進國家都有制定所謂的「反壟斷法」，這是一種為避免少數企業壟斷，維持商業健全、公平競爭的法律。二〇一一年春天，美國電信業龍頭AT&T意圖併購另一間同為四大電信公司之一的T-Mobile，卻因可能違反「反壟斷法」而被迫收手，這正是「反壟斷法」中排除寡占和壟斷市場的理念。

而「反壟斷法」的另一個理念，則是排除不公平交易。例如，二〇一二年一月，日本汽車零件供應商矢崎總業被美國政府揭發進行不公平交易，除了必須支付幾百億日圓的罰鍰之外，還有四名高層人員被判監禁。業者若暗中談定合作，藉此控制商品價格或供應量，消費者就會失去選擇的自由，這對消費者相當不利。況且，越是牽扯到公共利益或是受歡迎的商品，更會讓該企業獨占市場，完全封鎖同業的進入。

「反壟斷法」就是為了防止上述的財富集中至少數企業，以及為了維持健全的商業競爭而存在，而這個想法其實是來自《希伯來聖經》。

「禍哉！那些以房接房，以地連地，以致不留餘地的，只顧自己獨居境內。」（《以賽亞書》，第五章八節）

揮霍金錢，接二連三的蓋大房子、購買田地，只有自己過得窮奢極欲的話，將會引來災難。

「我耳聞萬軍之王說：必有許多又大又美的房屋成為荒涼，無人居住。」（同章九節）

「萬軍之王」指的是耶和華，這是對財富過度集中某處將帶來災難，房屋和田地都會荒廢的警鐘。

從前就以《希伯來聖經》的文字作為依據，對土地的所有權制定規範，財富過於集中的情形也因此排除。

「我們可以追求財富，但必須要保持平衡。人類有追求個人利益的自由，只不過在其方法和收入的用途，必須重視正當性，並遵循《希伯來聖經》的規定」，猶太人從數千年前開始，就是以這種思維模式看待金錢和財富。

所羅門王的智慧

聽說所羅門王是世紀賢人，三兄弟從鄉下造訪所羅門王，希望能收他們為弟子。

三兄弟說：「請務必傳授智慧給我們。」

所羅門王說：「我不知道何時能將智慧賦予你們。你們有服侍我的覺悟嗎？」

三兄弟說：「是。直到被賦予智慧之前，無論幾年，我們都已有覺悟會在您身邊伺候。」

於是，三兄弟就成為所羅門王的弟子，隨侍在側。但是過了一年、兩年，所羅門王絲毫沒有打算傳授智慧給他們的跡象。過了三年之後，三兄弟的忍耐已經到了極限。

三兄弟說：「我們等待了三年，卻遲遲沒等到您傳授智慧，我們想要跟您告假，返回故鄉。」

所羅門王說：「這段時間辛苦你們了。作為伺候三年的謝禮，我要給你們每人各一百枚金幣。希望你們把金幣當作是智慧的替代品。只不過，如果你們無論如何都想獲得智慧的話，我就不會將一百枚金幣賜給你們。」

聽到這裡，三個人頓時利慾薰心，說道：「不不不，我們不需要智慧了，我們收下金幣就回家。」於是收下金幣踏上歸途。

但是在途中，三兄弟中的老三重新思考了一下，「我都等待三年了，我還是歸還這些金幣，回去向所羅門王請教智慧吧。」

於是，老三把一百枚金幣還了回去。所羅門王點點頭說：「我了解了。那麼，我就賜予你以下三個智慧吧——第一，啟程時要在太陽升起時再離開旅館，太陽落下前必須要進入下一間旅館；第二，漲潮時必須要等到水退去後再渡河；第三，回到家後要誠實地向妻子述說所有發生的事。」

兩位哥哥急著想把金幣帶回家，馬不停蹄地趕路，就連在太陽下山後的山上也沒有停下腳步。當他們快要到達山頂的時候，氣候突然大變，開始下起冰涼的雨，風也很強勁。淋成落湯雞的二人在黑暗中迷了路，最後凍死在山上。

相反的，老三因為提早進了旅館而避開危險。等到太陽升起之後，他踏上兩位哥哥走過的路，發現了兩人的屍體。老三難過不已，厚葬了兩位兄長。然後，他帶著哥哥身上，共兩百枚金幣回家。

途中，他經過一條因日前下雨而水位暴漲的河，他按照所羅門王賜予的智慧箴言，決定等待河水退去後再行渡河。他看見一旁拉著驢子、驢子背上馱著行李的幾位商人，因為想強行渡河，不一會兒就被湍急的河水沖走了。

老三等了三天，終於等到河水退去，這才啟程上路。這時他看見那些商人所牽的驢子屍體已經漂到了對岸，他走近一看，發現那些驢子的背上都綁著裝有大量金幣的袋子。

老三帶著大量金幣回到家，把途中發生的事一五一十地告訴妻子。妻子相信了丈夫的說法。

但是，兩位嫂嫂完全不相信弟弟的說詞，她們懷疑是弟弟殺了兩位哥哥，並將金幣占為己有。於是，兩位嫂嫂向所羅門王告發老三的罪行，但所羅門王卻斬釘截鐵地對她們說道：「弟弟遵循了我所教導的智慧行動，他的話絲毫不假。」並宣判弟弟無罪。

打造Wisdom體質

——盡力且明智的生活方式，才能吸引金錢

何謂「智慧」？

智慧（Wisdom）一詞，對日本人而言或許較不熟悉，但卻是西洋哲學追求的事物之一。多數猶太人都會鑽研哲學，就連被稱為「避險基金之王」的索羅斯（George Soros）[9]也是一位哲學家。

哲學（Philosophy）的英文字源於希臘語，Philo指的是love of，而Sophia則是指Wisdom。也就是說，哲學就是Love of Wisdom的替代語詞。

若在日英辭典上查詢Wisdom一詞，你會看到「睿智」、「智慧」、「賢明」、「辨

別」、「博學」、「知識」等翻譯，其中最不恰當的應該是「知識、博學」。

我曾在倫敦的SES（School of Economic Science）上過哲學的課程，課堂上，教授最先提出的問題就是「知識、博學和Wisdom之間有何差異」。

從西洋哲學的角度來看，差異相當明顯。這個想法就等同於「就算比起他人更了解某些東西，那又如何呢」。

我們可從網路上蒐集到一切想要的資訊，但卻無法從網路上獲得「智慧」。這個詞，更傾向於判斷、決策，以及行為指南之意。

智慧並非機智，也跟比較頭腦靈活與否的「鬥智」不同。在大學入學考試時，你的智慧或知識會受到檢驗，但在往後的人生中，智慧往往更為重要。

那麼，人類的「睿智」又是如何呢？辭典對於睿智一詞的解釋，是「得以悟出

9 索羅斯是匈牙利裔美國金融家，亦是一名猶太人。他在求學期間曾拜猶太裔哲學家卡爾．波普為師，以創立對沖基金「量子基金」而聞名。

道理的優秀才智」。接著就必須要問，何謂「道理」呢？不大清楚。也就是說，儘管用「道理」或「領悟」等其他語詞替換，也無法理解「智慧」的涵義，那就不是Wisdom了。總而言之，「睿智」這個詞的涵義過於廣泛，不適合當成Wisdom的譯文。

最後，就只剩「賢明」與「辨別」了。Wisdom源自猶太教的教誨，與其說是「辨別」，「賢明」的意思反倒較為接近。雖然較難理解究竟是為了誰在「辨別」，但「賢明」卻很明顯是為了自己。

身為猶太教徒的我，對此所下的結論是：Wisdom是為了自己，或是為了家人的一種「活得聰明的指南」。

猶太民族的Wisdom，就如同故事中所羅門王傳授給三兄弟的智慧一樣，相當合乎目的且符合實用主義，所以不會使用可解釋成多種意思的抽象詞語。

更具體地說，Wisdom是「透過自我判斷、選擇、行動、決策和話語，避免自己及家人遭遇不幸，或感到不愉快的聰明活法」。

兩個哥哥被一百枚金幣迷惑，沒有選擇獲得智慧。但是，原先短暫獲得的巨款，也因為未能做出「正確的判斷」而失去一切，甚至落得丟掉性命。而選擇歸還金幣的老三，可說是相當「賢明」。最後，所羅門王給予的Wisdom，也幫助老三吸引了許多金錢。

該選擇Wisdom或是金錢？各位是否也曾遇過像這樣的人生難題，被迫做出選擇呢？人心相當容易受到金錢蠱惑。你是否能夠為了保護自己、守護家人，而做出正確的判斷、選擇，以及下定決心呢？猶太人拚命地從猶太教義中尋求答案、試圖實現之。所謂「No Pain, No Gain」，沒有犧牲，就無法有所得，所以「活得聰明勝過於金錢」。

猶太人認為，擁有Wisdom的人就不會為金錢所困，但若情況顛倒就不會成立，因為富裕人士也不一定會有Wisdom。假設讓猶太人選擇Wisdom或金錢，他們會毫不猶豫地選擇Wisdom。而總是受到日圓升值或股票看跌影響的人，則會選擇金錢。那麼，日本人會如何抉擇呢？

販賣Wisdom的老婆婆

有一個村子住著一對貧窮的年輕夫妻。因為實在是過於窮困，男人決定出外打工。他在遙遠的城鎮工作了八年，不斷地節省，終於存到滿滿一個布袋的金幣。

男人心想，「終於可以回到妻子身邊了」，一邊這麼想，一邊踏上歸途。他趕了二十天的路，即將到家的最後一個晚上，他在一個小鎮的旅館投宿。男人打算用一枚金幣購買送給妻子的禮物，但是，他在小鎮的市場裡並沒有找到他喜歡的禮物。

當他正準備放棄，打算回旅館的時候，正好看到有一位老婆婆坐在市場的角落裡擺攤。男人好奇的詢問：「老婆婆，您在賣什麼？」

臉上爬滿皺紋的老婆婆回答說：「我在賣Wisdom呢！」

「請把Wisdom賣給我。」男人說完之後，老婆婆說：「那麼，請用你袋子裡所有的金幣支付吧。」

男人被昂貴的價錢嚇到了，但轉念一想，「Wisdom比任何東西都還要有價值吧」，便把自己所有的金幣交給了老婆婆。

「讓我來告訴你吧！第一，如果在前往相同目的地時，有兩條路可以選擇，絕對不可以走捷徑。即便會花較多的時間，也要走安全的大道。第二，就算你怒氣衝天，也不可在當下爆發，務必要等一個晚上。隔天早上的想法會引領你走向正確的路。」老婆婆說道。

男人一邊思索老婆婆所說Wisdom的涵義，一邊走回旅館，他越想越不安，心想「這個Wisdom是否有一整袋金幣的價值呢」，不禁回頭想向老婆婆問個明白。

但此時老婆婆已不見人影了。男人在老婆婆方才坐的地方，找到了一件猶太人經常披在肩上的披肩和披巾，下方則放著他剛剛的金幣。雖然覺得很不可思議，但男人還是取回了披巾下的金幣。

隔天，男人坐上馬車繼續趕路回家。在接近一座山的時候，出現了兩條岔路，一條是要繞山而行的普通道路，另一條則是要翻山越嶺的險峻道路，也是一條捷徑。此時男人的手碰觸到肩膀上的披巾，想起老婆婆教導的Wisdom。於是，他指示車夫「即便要多花一點時間，也要走那條普通的道路」。當他回到故鄉之後，才聽說那條捷徑發生了山崩，幾乎所有走那條路的馬車都摔落山谷。

由於男人抵達故鄉時已是深夜時分，原本想盡快返家的他，想到妻子可能已經睡了，於是決定在附近的旅館多待一晚。當他踏入旅館時，赫然看見妻子就在那裡當服務生，而且妻子似乎裝作不認識他，用對待一般客人的態度接待他，這不禁讓男人怒氣衝天。

「我辛苦工作了八年，好不容易才回來，她竟然擺出一副素不相識的態度，究竟是怎麼回事？她一定是有其他男人了！」

男人如此斷定，正打算大聲怒斥妻子時，他的手又碰觸到肩膀上的披巾，這又讓他想起了老婆婆的Wisdom。他心想，「絕對不能在這裡爆發」。等了一個晚上，隔天男人回家後，一打開家門，妻子便撲到他身上。

「果然是您！我昨天在旅館看到一個跟您長得很像的人，身上卻穿著非常華麗的衣裳，當時我心想應該不是您，所以不敢跟您搭話！啊，您終於回來了，我好高興！」

「不，是我沒有跟妳搭話，實在抱歉。因為妳一副不認識我的樣子，我還以為妳把我忘了呢。」

兩人相擁而泣。在這之後，夫妻倆齊心協力，過著幸福的日子。

要獲得 Wisdom 必須先付出代價

——不願付出代價的人就無法得到智慧

凡事都要深思熟慮，慎重以對

這則寓言故事與前述所羅門王的故事相同，都是在述說 Wisdom 的重要教訓，但我認為這個故事有非常多種解讀方式。

故事中提到老婆婆給男人的 Wisdom 是「凡事都要『深思熟慮』和『慎重』以對」。也就是說，只要具備這兩個條件，無論是迷路或是面臨分歧點的抉擇之際，都能釐清頭緒，找到解決方法。

但是，男人為了得到 Wisdom，花光了他所有的財產。也就是說，為了得到

Wisdom，就必須付出相對應的金錢代價。

先前在「魔法石榴」的寓言中，曾提到「No Pain, No Gain」，也就是「沒有犧牲，就無法有所得」的教誨，至於Wisdom也是同樣的狀況——不願付出金錢，就無法獲得Wisdom。金錢就是犧牲，願意犧牲、感受疼痛，才能真正得到Wisdom（一種活得聰明的指南）。

這個概念同樣也適用於商業場景中。不想付出任何代價，想要「賭一把」的做法，很有可能會令你在某個地方做出錯誤判斷，就像遇到山崩的馬車一樣，最終跌落谷底。這個教誨正是在告訴大家，在做一件事情之前，必須花費時間與金錢，做好充分的準備及調查、有所犧牲才行。

惡魔與助產師

某個村莊住著一位猶太人助產師。某一天，她因為接生工作比較晚回家，在寒冷的夜路上突然聽見了貓的叫聲。她用蠟燭照亮了聲音傳來的地方，結果看到一隻被丟棄的小貓，虛弱到快要死掉了。助產師把身上帶的牛奶和毛毯給了這隻小貓。

這時，那隻小貓突然用人類的聲音說話了。

「我是惡魔。在這之後，可能會有其他惡魔找妳幫忙助產，但是他們會偽裝成人類的模樣，並給妳多到搬不動的金幣做為報酬。如果妳收下的話，妳就會成為惡魔。請妳務必不要被金幣誘惑，只要收取跟平常一樣的報酬就好了。這個Wisdom，就當成是妳救了我的禮物。」

話才說完，小貓就變回惡魔的模樣，消失在黑暗之中。

幾個月之後，某天半夜，助產師的家門外傳來「咚咚咚」的敲門聲。她從床上坐起，起身去開門，看到一名打扮體面的男人一臉慌張的樣子站在門口。

「我太太就快要生了，能不能麻煩您趕緊出發呢？」

即便是半夜，助產師也沒有露出厭惡的表情，馬上就做好準備，坐上了男人的馬車。經過一大段路程，馬車抵達了一座助產師從未見過的城堡。深夜登門的男人就是城堡的主人。在助產師的協助下，年輕妻子平安產下了嬰兒。

「非常感謝您這麼晚還願意來到這麼遙遠的地方。請您收下我的心意。」

城堡主人命令傭人搬來一大個看起來很沉重的布袋。

助產師打開袋子一看，裡頭居然裝滿黃澄澄的金幣，那是她拚命工作一輩子也賺不到的錢。貧窮的助產師忍不住就要伸手去拿金幣，在那一瞬間，她想起了小貓所說的話，於是回覆說：「我沒辦法收下這麼多金幣。我只要一枚銅幣就好了。」

一枚銅幣就是助產師平時接生的報酬。城堡主人多次請她收下金幣，但助產師堅持回絕，並作勢要離開。

城堡主人送助產師返家的途中，在馬車上一直問個不停。

「我都說要送給您了，不需要有所顧慮。這也不是因為做壞事才得到的錢，您為什麼不願意收下呢？」

助產師便告訴他，自己曾經救過一隻其實是惡魔的貓，以及那隻貓給予自己Wisdom的事。

知道實情之後，城堡主人便以惡魔的姿態現身說道：「我第一次聽說有人類不會受到金錢的誘惑，看來下次不能用金錢，要用美食來誘惑人類了。」話一說完，惡魔就消失了。

多年後的某一天，村莊的拉比受邀參加一位素昧平生者的葬禮。拉比被帶往遙遠的城堡，誠心地弔唁死者。為了答謝參與者，城堡主人邀請拉比一行人享用一頓他們從未吃過的豪華餐食。但是，因為拉比已經聽過助產師的經歷，所以對那些光用眼睛看，就令人口水直流的餐食，碰都沒碰，直接告辭離開了。此後，城堡主人再也沒有出現在這位拉比面前了。

幾年後，同一個村莊的穆漢（割禮執行者）收到一位陌生人的委託。這位穆漢是出了名的小氣鬼。他曾說：「我擔任穆漢，認真工作又努力學習猶太教義，所以我不捐獻。」雖然他透過經營雜貨店和穆漢的工作存了不少錢，但他完全沒有做到猶太人的「Tzedakah」，也就是將收入的十分之一捐獻出去的習慣。

穆漢依約前往一座宏偉的城堡，為一位全身上下被毛毯包裹著的男人進行割禮手術。城堡主人對此十分感謝，並交給他一個裝滿金幣的袋子，說道：「請您務必收下！」但穆漢拒絕了。城堡主人又說：「那麼，請吃了這桌豪華餐點後再走吧！」他又拒絕了。因為他已經從拉比那裡聽說了惡魔的手段。

此時，城堡主人化身為惡魔說：

「我聽說你很小氣，但你卻不受金幣和美食的誘惑，我放棄了。但是，我要給你一個忠告，如果你今後還是打算像從前一樣不願意實踐Tzedakah的話，總有一天你會被拉進惡魔的世界。」

說完，惡魔便消失了。

回到村莊的穆漢跟拉比說了這件事，拉比也給了他同樣的忠告，「惡魔說得沒錯！」在那之後，穆漢便洗心革面，盡全力實踐 Tzedakah 的精神。

把金錢花在對的人身上——讓幸福長長久久的方法

別成為金錢的奴隸

「超額的鉅款，即使他人要給你，也不得接受。」

「即使他人招待不符你的身分、豪華且奢侈的餐點，也絕對不要將那些美食放進你的嘴裡。」

「如果不捐獻給貧窮者，會令你被捲入不好的事中，無法獲得幸福。」

猶太人會把諸如此類，母親在年幼時所說的故事，深深刻在心裡。猶太教也會教導信徒在賺錢或飲食方面，必須控制在偏向貧困的程度，以及必須為了弱者捐獻。

等自己到了有能力賺錢的年紀時，猶太人就會拼命地捐獻，因為他們深信透過捐獻，最終能讓自己獲得幸福。猶太教義中的Tzedakah，指的是無論貧窮或富裕，都必須將收入的十分之一捐獻出去。倘若你生前的錢用不完，死後還將這些剩餘的錢帶到天堂或地獄，就代表你的Tzedakah做得不夠，「錢包塞得滿滿的人不會得到祝福」，這就是猶太教的教誨。

此外，絕對不要答應乍聽之下相當誘人的賺錢方式，或不符合自己身分的應酬。猶太人認為，這種好事肯定另有隱情，或這是會令你捲入壞事的預兆。

透過工作所賺的正當報酬，只要能養家活口即可，如果對方提出超乎工作範圍的報酬，千萬不能接受，當然也不能主動提出高額報酬的要求。大部分的猶太人會認為，萬一不小心收受意想不到的報酬，就應該把這些錢捐給貧窮者。

猶太人被教導，如果身懷不符合自己身分的鉅款，就會不自覺地開始追求奢侈美食而變得肥胖，從前的羅馬人即是如此。除了會因為不健康而縮短壽命之外，也會影響與你周遭的人際關係，幸福會因此漸漸離你遠去。

「金幣雖會綻放美麗光芒，但若光芒過於刺眼，則會降低周遭溫度。」

「富裕人士有繼承人，卻不會有子女。」

這兩句話是猶太民族的格言，意思是身懷鉅款者會成為金錢的奴隸，因而無法看清真正重要的事物。猶太人認為，父母與子女之間維持良好的關係是一種幸福，但「鉅款」會破壞這種親子關係，因而藉由這句話告誡人們。

為了防止子女變壞、霸占父母財產，以及輸給誘惑，成為金錢的奴隸，拉比教育每位父母都必須教導子女具備下列五種心態。

這五種心態是：

Decent（適當）——擁有符合自己身分的報酬和生活

Discipline（自我規範）——每天持續累積學習

Restriction（自我約束）——為了不受誘惑而約束自我

Control（自我管理）——確實做好自我管理

Honest（誠實）——不說謊、活得正直

在日常生活中，猶太人總是會將這五個詞放在心上。

那麼，這些詞的反義是什麼呢？

依照順序，它們是「貪慾」、「怠惰」、「放蕩」、「不養生」及「虛偽」，這些都是猶太人在人生中極力避免的事項。可惜的是，現代日本人大多都觸犯了這些禁忌。日本企業只會貪婪地在意市占率；相較於德國和美國，日本的國定假日和休息日相當多，顯得更為怠惰；人們放縱自我的搶購名牌商品、沉溺於美食中，甚至不惜偽造商品標示來賺錢。若是為了追逐利益而打破這五個禁忌，便會成為金錢奴隸，導致不好的事情發生。

事實上，有許多人都因為觸犯這些禁忌而走向衰敗。日本也曾因為泡沫經濟破滅，失去了大部分的財富。「所羅門王賜予Wisdom給三兄弟中的老三」，這個故事也是根據上述這五個教誨而來。「被一百枚金幣蒙蔽雙眼的兄長」，這個故事中無法確實做到自我約束和管理的人，最後連性命都丟掉了。

回顧我的律師生涯，以及那些與我往來者的人生就會發現，過著奢侈、不斷耗費金錢在豪華美食上的人，在過了幾年之後，在商業上都蒙受極大損失，因犯罪而入獄的人也不在少數。有些人甚至因為過著攝取酒精、美食等不養生的生活，導致健康受損而早早離開人世。即便是曾經叱吒華爾街、過去在高級餐廳開一瓶幾十萬日圓的紅酒、眼睛連眨都不眨的經營者，現在多半都已沒落，不知其下落了。

Eat poorly, Think richly——粗茶淡飯，心靈富足

雖然我這麼說，但其實我在成為猶太人之前，有一段時間也過著大啖奢侈美食與美酒的日子，與現在質樸的生活相比，簡直恍如隔世。如果我還過著那種奢華無度的生活，我肯定會在某個地方走上歪路。

在猶太民族眼裡，粗茶淡飯就可過得相當富足。在安息日[10]當天準備乾淨的桌巾和兩個燭台、自家釀的紅酒，以及些許餐點，這就足夠了。

日本人經常說：「衣衫襤褸，錦繡內心。」但猶太人的想法不同，他們認為「不衣衫襤褸，就無法讓內心美麗鮮明」。因此猶太教的教義告誡人們「錦繡華服，內心貧瘠」，這也意味著「沉迷美食，內心腐爛」。

10 猶太人的安息日（Shabbat）從每週五日落開始，持續到週六日落。這是猶太教中最神聖的日子，象徵上帝創造世界後的休息日。安息日是猶太家庭與社區聚會的時刻，通常包括祈禱、享用特殊的晚餐、讀經與靈修。

簡單說，就是「**只顧著吃美食，人就會變笨**」。說到美食，就不得不提到蝦子。據說，在繁榮的古羅馬帝國時期，蝦子的消費量增加了特別多。羅馬人每天都沉溺在美酒與美食之中，不久國家就滅亡了。因為這樣滅亡的國家還有很多。日本是全球數一數二的蝦子消費國，人均消費量甚至超過兩公斤，幾乎快追上美國，而這也是日本人的頭腦漸漸變遲鈍的證據——日本的債務已超過GDP的兩倍，成為了一個借貸大國。這也證明了，「美食會讓人類停止思考」。

猶太民族有所謂「Kashrut」的嚴格飲食戒律，旨在時時提醒自己「猶太人生存的目的，並不在於吃美味的食物」。

「活著不是為了吃。之所以吃，是為了生存」，這應該是最接近，且最能讓日本人了解的說明了。如果只是為了生存而吃，那麼粗茶淡飯應該就相當足夠了。美食會損害健康，違反生存的目的。為了美食花費時間、慾望和金錢，這是人類墮落的最大因素。

美國有一個很流行的網站「Yelp」，可以搜尋出位在你附近的美食餐廳資訊，

「Zagat」和「米其林」也是類似的網站，你可以在上頭找到餐廳顧客的感想與評價，資訊量相當豐富。我也曾經在這類網站上蒐集米其林三星餐廳的資訊，現在回想起來，真是為此虛度了許多時間。如果有那個金錢跟時間的話，我應該將之用於**Tzedakah**或奉獻社會才對。

日本的網站或電視節目也都充斥著美食情報，為了一訪受歡迎的店家，就算排很久的隊也心甘情願。猶太教的飲食戒律正是要告誡我們，把你的時間和勞力花在這種事情上，是最為愚蠢之事。

猶太人知道，人生在世的意義並不在於「吃」。透過學習《希伯來聖經》，猶太人充分理解神指派給猶太民族的任務，並遵循其教義。這裡指的，就是《塔木德》所說的「Eat poorly, Think richly」，也就是「**粗茶淡飯，心靈富足**」。

對接觸猶太教、到後來改宗猶太教的我來說，現在幾乎很少花到錢了。之所以不需要花錢，是因為我每天都過得很充實。猶太人聚在一起的時候，絕對不會像扶輪社的聚會一樣去五星級飯店吃飯，他們會在名為「猶太會堂」、簡單樸實的建築物裡，一口一口吃著潔食（Kosher）認證的粗食和沙拉水果，一邊閱讀《塔木德》或是針對《摩西五經》發表意見。有時候甚至只有茶水，也可以討論許久，這正是所謂的「Eat poorly, Think richly」。

現今的日本是否已經演變為相反的「珍饈佳餚，心靈貧乏」了呢？我自己好不容易才擺脫了這種困境，雖然「Think richly」還在努力當中，但我已經完全實踐了「Eat poorly」。如果做不到在飲食上粗茶淡飯，就無法培養多方思考的能力。讀書和討論非常重要。

追逐美食資訊，沉浸在美食裡，假日不讀書而是只會跑去打高爾夫球，若長期維持這種生活模式，大腦自然而然會停止思考，腦細胞退化後進而會降低金錢和健康運，最後甚至可能一蹶不振，請各位務必銘記在心。回想起來，我還沒遇過具有Wisdom的美食家。

在這個章節的最後，我要介紹一個告誡人們不要受到物慾和金錢操控的猶太格言。

「若你試圖查看自己的穀倉、計算穀物的數量，從那一刻起你就被神拋棄了。」

——《塔木德》格言

這個格言的意思是，金錢或財產的「可數之物」，是不存在幸福的。若猶太人的腦中閃過「啊，我今天賺了這麼多錢」或「我這個月的收入是多少」這種想法，便會失去神的庇佑。計算自己的財產或確認銀行帳戶有多少存款的行為也是一樣。神在《聖經》中明確否定「因金錢得失而喜怒哀樂」的行為。

一旦被金錢慾望操控，幸福便會離你遠去。猶太人從小就會被灌輸各式各樣的格言或寓言故事，因而了解凡事要適當（Decency），以及對於金錢的自我規範（Discipline）。

第二章

在商業領域運用塔木德吸引金錢

「為什麼猶太人的瞳孔中心是黑色的，而周圍是白色的？」

「那是因為從黑暗的一面看世界，能更清楚看清事物的全貌。」

賺錢和商業，終究得靠自己努力

在我開始學習猶太教義、重新檢視日本這個國家後發現，日本對於金錢和商業的想法，與整個世界有相當大的差異。

「有錢能使鬼推磨」這句日本人經常掛在嘴邊的話，會令猶太人相當詫異。因為這就像是在說「可以用金錢收買神」、「耶穌基督會受到金錢控制」，或是「可以用金錢控制穆罕默德」——這是對神的褻瀆，同時也是西方世界乃至於伊斯蘭教對日本最難以理解的說法。不只是「神會被金錢影響」這件事，西方世界之所以認為日本這個國家不太尋常，還有一個原因是，日本有即使是多神教國家也極度少見的「財神」。

每年的過年期間，首次前往寺廟參拜時，許多民眾會向求財相當靈驗的神明

「祈求生意興隆」。從一般店家到大企業的老闆，皆會在年初時雙手合十，向神明祈求新的一年生意順利。就連應該專注於身心健全的運動選手，也會在賽季開始前進行「祈求必勝」的儀式。但祈求自己必勝，不就是拜託神明，藉著神明之力讓對手輸掉比賽嗎？更不可思議的，是「祈求考試合格」，這不就代表拜託神明，讓自己以外的人名落孫山嗎？這些或許都是出自於希望能得到優秀的成績並藉此獲利的想法（贏得冠軍獎金，或是期望從優秀大學畢業後找到好工作，不再為金錢所苦）。

但是，從猶太人的角度看來，這是極為不可能之事。原因就如同本書第一章所述，猶太教的神否定「因金錢得失而喜怒哀樂」，並會毫不留情地給拜金主義者定罪。

看到這裡，或許會有人提出異議，「我不相信！世界上不是有很多猶太裔富豪及成功商業人士嗎？」即便如此，但反過來說，正是因為「他們不會被賺錢一事左右」，才能憑藉縝密的計畫及正確的判斷力，發揮遠遠超出日本人的經營手段。

日本人只要遇到生意不順利、事業或學業受挫，一有困難就會馬上尋求神明的幫助。雖然可能並非每一個人都真的相信神明會拯救自己，但或許都在內心深處期待能出現「奇蹟般的大逆轉」。

當然，如果是盡人事、聽天命的話還能夠理解，但就我的觀察，我很懷疑他們是否真的已經竭盡全力，做了一切自己能做之事了。在拜託神明之前，應該有更多需要思考、需要討論，以及需要做到的事。或許在他們內心的某個角落存在著「仰賴」，也就是認為「自己已經做得夠多了，神明應該會幫助我」的想法，導致他們對於賺錢、事業或學業的戒備較為鬆散。

猶太民族認為商業、學問，尤其是金錢方面，神是不會給予幫助的。「賺錢」這件事情的本質，是為了求生存的一種手段，所以神並不會否定之。但是，要怎麼做才能賺錢、讓生意更加順利，又或是對學業成就的建言，在《聖經》上是找不到的。

也就是說，《聖經》認為，為了生存的賺錢方式，或是在學業上獲取成果的方法，必須要由自己思考來得出結論，因此在《聖經》中是完全撇開不談的。

每一位猶太人只能透過閱讀《聖經》、遵守神的教誨，靠自己努力。他們在大學、商學院、法學院、醫學院會拼命讀書，從中學習知識和技巧，竭盡全力做出最大的努力，所以越好的學校，猶太人的比例就越高，哈佛大學就有三分之一的學生都是猶太人。此外，雖然臉書的祖克柏、Google的賴瑞・佩吉（Larry Page）等人皆是猶太裔，但他們會成為億萬富翁並非是偶然，而是雙親的教育及拼命的自我努力使然。

猶太人的心中只要有疑問，就會與同胞討論「為什麼會是如此，有其他答案嗎」，無論要花多少時間，他們都會追求「WHY」。直到想通之前，他們會不斷且不厭其煩地提問，絕不會像日本人經常用「還好、還可以」試圖蒙混帶過。

談判也是同樣的情況。日本人在商業談判中，若遇到與對方談不攏條件的情況，時常會說「抱歉，這是敝司的方針」，若對方同樣是日本人的話，就會將此理解成「看來已經沒有談下去的空間了」，但若對方是猶太人，這麼做就行不通了。猶太人一定會追問「請問敝司的方針，指的是什麼方針呢」、「能不能具體說明究竟是何種方針」，甚至更進一步逼問「請問是誰決定了這個方針」、「請您讓我們直接與決定這個方針的人進行談判」等強硬的問題。遇到猶太人的提問攻擊，多數人應該都會舉雙手投降，但這就是猶太人的風格，他們會一個疑問接著一個疑問，不斷脫口而出。

「提問」的重要性

日本人在跟猶太人談判時，肯定會被猶太人震懾住，但是即使談判的對手不是猶太人，歐美商業人士也會透過各種方式，善用提問的力量來進行談判，因為這是他們每天都在累積鍛鍊的能力。

日本人原本就不喜歡被問問題，否定提問本身就是日本文化。我曾經參加過一場研討會，向講師提出「日本是否有基於安全考量，增加街道上監視器的計畫」的問題。當時有一位聽眾便嘲諷我「不要問這種奇怪的問題」。

那場研討會是警察廳幹部以「日本治安問題」為題的演講，但因為是由支持團體所主持的「過場式」演講，所以我的提問相當不適合現場的氛圍。但是，若要配合現場的氛圍，或是提出每個人都能預測答案的提問安排，是否就失去提問的意義了呢？

日本式的溝通不在於追求問題的答覆，而在於要求察覺對方心情和現場的氛圍，這種制式的往來在商業場景中也相當常見。日本人似乎認為，不提出「不好的問題」正是讓商業或人際關係能夠順利運作的做法。但是，就猶太人看來，提問這件事並沒有所謂的「好問題」或「不好的問題」，那不過就是提出問題罷了。

特別是國際性的商業往來，常會因為「沒有提出問題」而造成致命傷。尤其是歐美企業的態度，**是「你沒有問」就等同沒有必要公開**。如果我們沒有強勢地針對稍微曖昧、感到疑惑，或是覺得說明不充分的地方提出疑問，談判便會朝著對對方有利的情勢進行下去。

日本人之所以會輸掉談判，或是容易遭到詐騙，或許都是因為當下未能好好確認，或是沒有盡全力請對方公開相關資訊造成的，就像是「AIJ的年金消失事件」[1]。若認定你的交涉對象不足以畏懼，那些難以對付的對手就會想方設法地趁虛而入。

在日本，普遍會認為詐騙的一方有錯，但猶太民族的共識，則是「被詐騙的一方有錯」。為了不受騙上當，就只能不斷提出疑問了。

為了徹底迴避風險，不讓對手有能夠介入的縫隙，猶太人會不斷堅持提出問題到令人厭煩的地步。對猶太人而言，無論什麼時候，商業都是「為了能活下去而進行的生存鬥爭」。為此，他們會不斷讀書、思考、討論，並提出自我意見。

自二〇一一年以來，日本的TPP（跨太平洋夥伴協定）問題引起媒體大肆關注。就TPP而言，無論是推動派或反對派都有各自的說法。而我的觀點則相當單

1 「AIJ年金消失事件」發生於二〇一二年，是日本一宗重大金融詐欺案。AIJ投資顧問公司透過誇大投資報酬，吸引大量企業年金資金投入，累計約二一〇〇億日圓。然而，這些資金被挪作他用，數百家企業和數萬名員工的退休金因此憑空消失。

純，我認為所謂的「ＴＰＰ」，從日文的第一個字母來看，只能解釋為「拿走、竊取、盡量竊取」。當然，這裡指的竊取方是美國。也就是說，美國是以戰鬥姿態要來占領日本的市場，而且日本也沒有沉著應對的時間了。

況且，ＴＰＰ的談判儼然已經將主導權交給美國，接下來日本要如何讓這個協議走向對自己有利的情勢，令人難以置信。為什麼日本沒有想到要打出「ＪＰＰ」的旗號，在全球推廣由日本主導的貿易協定，以利自己國家的強烈想法呢？

應對意料之外的事

不反駁、並駕齊驅、厭惡突出，或是不斷揣測當下的氣氛等。若要在尚未結束的全球恐慌中存活下來，具備上述這些日本人的性情特徵，恐怕會導致負面的結果。

「在對方發動攻擊的一瞬間反擊，會被視為正當防衛，是可允許的。」

這是猶太教的教誨。在國際社會上，若沒有當場向對方提出反駁意見，將會視為同意對方的意思。沉默，便是順從對方，將主導權交出去的訊號。

日本人經常採取的商業話術，是在當下順著對方的話說道：「您說得很有道理！」事後再委婉地予以拒絕。這也是日本特有「不引起風波」的做法。

只不過，這種做法並不適用於國際社會，因為只要同意對方並說出「您說得對」這樣的話，就代表這是你的本意。等到事後再抗議「我並不是這個意思」，已經為時已晚。

日本的商業人士通常很喜歡閱讀商管類的工具書，我要特別強調的是，商業並不僅是單純學習「如何做」的學問而已。憑藉「方法論」把工作做好的人，或許乍看之下表現得很不錯，但其實很有可能會引發足以影響生死的重大失敗。原因在於，這些人並不願意看清事情的本質。凡事順利只是一時的，最後必定會陷入「不應該是這樣」的困境。

二〇一一年，日本發生東北大地震和核災等事故，日本媒體接二連三地使用

「超乎預期」這個字眼。人類的想像力原本就相當有限，當然很有可能發生超出預料之外的事。但是，工具書並不會出現超出人們預料之外的事，也就是說，這些書不會提到「最重要的事」。

相對的，你可以在《希伯來聖經》中找到大量應對「超乎預期」之事的睿智範例。像是發生了淹沒珠穆朗瑪峰的洪水、集人類智慧之大成的巴比倫尼亞超高樓在一瞬間倒塌，或者空中的火焰噴射器令所有東西燒毀殆盡等，你可以從中看到大量人們預料之外的事。而如何在這種情況下存活，這些智慧才是猶太人在商業方面的成功哲學。

「如何讓風險最小化，並解決預料之外的難題」，我認為這種為了求生的「基本精神」，正是得以鍛鍊正確解讀這個時代的能力，也能為你帶來商業上的成功。而這個成功哲學的入門基礎書籍，就是《塔木德》。透過《塔木德》鍛鍊大腦，能養成無人能敵的睿智。即便是所有哈佛商學院的教授，耗費千年，恐怕也無法教導出能凌駕《塔木德》的睿智內容。

我們必須將《塔木德》的智慧運用在商業上，希望各位能如同第一章所述，先理解寓言故事中的「基本精神」，從中學習無法從其他工具書中獲取的猶太式商業精華。

跟神談判的亞伯拉罕

神：「索多瑪充斥著惡人。必須全部燒毀。」

亞伯拉罕：「請等一下。倘若索多瑪還有五十位善人呢？您打算把善人和惡人一起燒光嗎？」

神：「不，如果有五十位善人的話，我就不會燒毀索多瑪。」

亞伯拉罕：「神啊！從您的角度來看，我無足輕重。雖然非常失禮，但我想再請教您一件事。您剛才說五十位善人，那如果再少個五個人會怎麼樣呢？我想這應該沒有太大的差異。」

神：「這個嘛，有四十五人的話還可以，我就為這四十五個善人，饒恕這座城吧。」

亞伯拉罕：「不好意思，我想再請教一個問題。您剛剛說四十五人，那如果再少個五個善人，您還是會燒毀整座城嗎？這就是所謂神的正義嗎？」

神：「這個嘛，如果還有四十位善人的話，我也可以饒恕索多瑪城。」

亞伯拉罕：「神啊，我知道我很囉唆，求您不要動怒，請再讓我問一個問題。如果四十人減去十人，還有三十位善人的話，您依舊打算燒毀整座城嗎？」

神：「不，如果有三十位善人的話，我就饒恕那座城吧。」

就這樣，亞伯拉罕不斷地與神進行談判的結果，最終約定好只要有十位善人，索多瑪就可以免去被燒毀的命運。

用鍥而不捨的談判累積成果

——把猶太人的「漸進主義」運用在工作上

無論對手是誰都不要放棄

這個寓言故事出自於《希伯來聖經》的《創世紀》。神打算毀滅充斥著腐敗墮落的索多瑪，但猶太人的祖先亞伯拉罕嘗試與神談判，讓祂打消念頭。

令人驚訝的是，亞伯拉罕居然能對等的與神做交易。事實上，在《希伯來聖經》中可以看到更詳細的描述。亞伯拉罕不斷以貶低自己的方式，巧妙地將神帶入談判的場景。

從如果有五十位善人，索多瑪便可以獲救開始，經過不斷談判，甚至讓神讓步到只要有十位善人即可，這就是不屈不撓所獲得的成果。其實這個故事在《希伯來聖經》中還有後續——亞伯拉罕為了與神談判竭盡心力，結果索多瑪卻連十個善人都沒有，勃然大怒的神最終燒毀了整座城。

我們可從這個寓言故事中獲取相當多訊息。首先，是無論對手是誰，都要勇於面對、堅持到底的勇氣。這個故事告訴我們，即便對手是神，你也要有勇氣去主動挑戰。雖然故事最後，亞伯拉罕在談判中遭受挫敗，但如果有十位善人的話，索多瑪還是有機會獲救的。

人只要放棄，一切就結束了

那麼，倘若同樣的事再次發生的話，猶太人會採取何種行動呢？是否會認為「反正上次神沒有救我們，這次談判肯定也會以失敗收場」而放棄呢？答案當然是NO！

日本人常說「人要懂得放棄」，這其實是非常離譜的錯誤。猶太民族最大的特徵，就是他們奉行漸進主義，雖然只能一小步一小步的前進，但他們絕對不會停下腳步，無論過了幾千年都是如此。因此，猶太教的教誨是「人只要放棄，一切就結束了」。放棄就等於「停止」，這是絕對不被允許的事。就算存活的機會微乎其微，猶太人也會勇於面對，絕對不會放棄，就算對方是神也是一樣。因為神已透過《聖經》告訴大家，「絕對不能輕言放棄」。

累積小小的「成果」

我們還可從這個寓言故事中，學到一個實用且有效的談判技巧。

《希伯來聖經》是猶太人的漸進主義和現實主義的起源。猶太人之所以善於談判，其實都是藉由《希伯來聖經》的鍛鍊而來。

首先，必須收穫一小部分的成果。接著暫停一下，觀察對方的反應，再從中爭取一點點成果。就像亞伯拉罕從五十位善人開始談判，以五個人為單位，逐步取得神的讓步。

請各位回想第一章「拿破崙與鯡魚」的故事，「先掌握那些能確實得到的成果」，這就是猶太人談判技巧的基礎，然後再堅持重複多次的「些許」。亞伯拉罕就是用這個方法促使神漸漸讓步，最終就取得極大的成果。

舌頭前方有幸福

日本人通常會採取與猶太人截然不同的談判方式。身為一名律師，我見識過許多日本人的商業談判場合。日本有所謂的「談判折衷」一說，日本人在談判時，經常採取先提出一個大的要求，再讓步至妥協方案的方法。假設妥協方案是要求一百萬日圓，那麼一開始就必須先向對方提出一千萬日圓的要求，接著再透過談判，循序漸進地做出讓步。

若想透過這個方法取得成功，必須在一開始提出一千萬日圓時，就讓對方感到驚訝。但倘若對方早已看穿這個技巧，就有可能被對方抓住弱點，反過來令我方被玩弄於股掌之間。原先預想要在談到一百萬日圓時妥協，有可能因此被壓制在五十萬日圓左右而動彈不得。

日本人的談判技巧，其實就是單純「虛張聲勢」的心理戰，這種技巧旨在引誘對手的情緒出現動搖，讓談判朝著對自己有利的情勢發展。但若對手是不受情緒左右的類型，這種技巧就會失去效果。這就像是拉開太平洋戰爭序幕的「珍珠港事件」一樣，美國的內心非但沒有因此動搖，反倒勃然大怒，導致適得其反的結果。在商業談判場景帶入情感的民族，幾乎就只有日本人會這麼做。

猶太人的談判技巧，從一開始就沒有「妥協」這個選項。他們奉行的是漸進主義，也就是從小地方著手，慢慢提出要求。猶太人會採取理論及邏輯的作戰方法——如果對方能接受「A」，那麼「A⁺」應該也能被接受才是。猶太人會透過這種獨特的邏輯，讓對手陷入理論的陷阱。他們絕對不會為了想快點獲取成果而感到心急，而是慢慢地一點一滴累積成果。為了達成這個目的，無論再怎麼貶低自己，他們也會不惜阿諛奉承的去迎合對方。

猶太人是會大量使用語言的「多語言民族」，他們會頻繁地透過語言交流、發言、主張自我意見——「舌頭前方有幸福」就是猶太民族的格言。

如果閉口不語，幸福便會遠離。一點一滴、慢慢地、永恆地毫不放棄，多加運用言語拉近與幸福之間的距離，這就是猶太民族的談判技巧。

底波拉的戰爭

某個村子住著一位家境富裕、名叫底波拉的美麗女子。她在猶太雙親的呵護下成長，從小就學習《妥拉》的教誨。

到了適婚年齡，底波拉受父母之命跟一位青年結婚。但是，婚禮當天的晚上，新郎卻突然過世了。

幾年之後，底波拉打算再次跟一位父母推薦的出色青年結婚。但同樣的，新郎又在婚禮當天過世。第三次結婚也是如此。

底波拉放棄了結婚一事。

有一天，某位親戚的兒子從遠方來訪，深受底波拉父母的喜愛。此時，這位男子表示，「我想娶底波拉為妻。」底波拉的父母把之前已經有三名新郎過世的事告訴他，希望他能打消念頭。

但是，男子毫不退縮地說：「我對神相當誠實，神想必很喜愛我，那種事絕對不會發生在我身上。」

於是，底波拉的父母同意兩人步入禮堂。

在婚禮當天，神為了召喚該名男子到天國，派遣了一位天使到人間。死亡天使向新郎說道：「請你跟我一起走。」催促他前往天國。

這個時候，終於等到機會的底波拉，突然加入了與天使的對話。

「祢就是一直以來搶走我丈夫的死亡天使吧！請祢回去轉告神，」底波拉高聲說道：「根據《妥拉》所言，男人結婚以後就必須與新娘待在一起。因此，神不得把我的新郎帶去天國。」

「妳居然敢對神的決定有意見，妳想跟神爭辯嗎？」死亡天使說。

「沒錯！《妥拉》中提到，『男人結婚後，比起工作，必須以家庭為優先，並跟妻子待在一起』。也就是說，如果在婚禮當天將我的丈夫強行帶往天國，是違反這個教誨的。《妥拉》不是神指示的教誨嗎？難道神會糟蹋自己的教誨嗎？若真是如此，那麼我會到宗教法庭去控訴神。」

底波拉一口氣說完後，怒視著死亡天使。驚訝到目瞪口呆的死亡天使急忙返回天國，向神報告這件事。

「底波拉說，要強行讓神出席法庭，她要跟您在法庭上做個了結，您的意思呢？」死亡天使問道。

神說道：「嗯，真服了她了。你不用再去找底波拉。去找其他女子吧。」

於是，底波拉成功從死亡天使手上奪回心愛的丈夫，夫妻倆過著永遠幸福的日子。

即使面對當權者也要據理力爭——平時就要累積表達能力

認真決勝負的底波拉

底波拉的寓言，同樣也是一個人類挑戰神的故事。那些與底波拉結婚的男子，接二連三的蒙主寵召，底波拉認為自己無法得到幸福，正準備徹底放棄時，卻又出現一個能再次獲得幸福的機會。

故事中的神，代表的是能左右人類性命的「權力者」。底波拉獨自一人面對掌控一切的權力者，她認為，自己明明沒有做錯任何事，為何要受到如此不公平的待遇，於是毅然決然地向神發起辯論。

二〇一一年三一一地震發生的一年之後，日本各地都舉辦了追悼犧牲者的活動。緬懷逝者固然重要，但人們是否就此停下前進的腳步呢？我們幾乎看不到日本總結這次的經驗以擬定對策，避免同樣的憾事再次發生。

面對強力來襲的自然災害，日本經常以「颱風過後，雨過天晴」這句話來表示，提出「面對不幸，最好能夠放低姿態，等待鋒頭過去」的說法。相對的，猶太民族卻認為無論面臨多麼強大的阻礙，都應該正面迎戰才行。

有一則寓言故事說道：在猶太大衛王年輕的時候，非利士人試圖攻擊以色列，雙方派出最勇猛的戰士一對一廝殺。非利士軍派出身高三尺、身強力壯的戰士歌利亞，以色列軍看到如此高大的巨人，無不害怕的瑟縮發抖。「大家不要驚慌！」此時，尚未褪去稚嫩表情的青年大衛起身說道：「我不用刀劍鎧甲，就能打敗歌利亞！」話才說完，大衛用自己製作的投石器奮力丟出一顆石子，第一擊就命中歌利亞的額頭。歌利亞當場死亡。

底波拉和大衛的寓言，正是告訴我們「無論是面對哪一種權力者，我們都必須堂堂正正地說出自己的想法」。

為了能挺直腰桿地述說自己的主張，就必須具備能駁倒或打敗對手的論據或方法。在底波拉的寓言中，底波拉每天勤奮讀書，確實學習《妥拉》的內容，所以她才能指出現實與書中教誨的矛盾之處，以此做出要與神在法庭上辯論的覺悟。大衛王的寓言也是在教導我們，無論遇到多麼強大的對手，只要能創造出戰鬥的方法（這裡指的是名為投石器的新兵器），就能求得勝利。

這些教誨也能輕易地轉換到商業場景使用——無論對手的職位有多高，你都必須毫不畏懼地與之談判；只要平時有讀書的習慣，即便對手的地位較高，你也有機會能駁倒對方。

只不過，日本人通常對大公司的權威或職稱無法招架，因為自己公司的規模較小，或是職稱不相配，就會顧慮對方而不能好好進行討論或談判，甚至會失去戰鬥的意願。但即便對手是神，底波拉仍堅持一步也不肯退縮的態度，以及大衛王勇於以投石器挑戰巨人的做法，都可說他們憑藉確切的勇氣與信念，反而贏得權力者的信任。

因為律師的工作，我經常會與相當難以應付的對手進行談判。前陣子我才在北京，跟一位擔任基金經理人的猶太人進行了相當激烈的討論。討論的內容並不複雜，我主張對方需要先公開基金的績效表現報告，對方卻要求我得先告訴他們，我欲介紹客戶的詳細資訊。雙方誰也不肯讓步，長達兩個小時的會議只討論這件事就結束了。而這對猶太人而言卻是家常便飯。

一邊討論，一邊思考如何讓對方敞開心房，朝這個方向努力的那一方，最後才能獲得勝利。當然，也有可能在談判過程中，雙方的狀況發生改變。即使對方目前旗下的基金已經獲得相當大的成功，但一旦想獲得營運資金時，對方就會改變方式出手。這個時候會再看雙方要提出何種條件進行談判，重新建立一個新的論辯架構。正是因為雙方都是認真看待這場競合，因此絕對不會隨意做出讓步。

但是，就算談判決裂，那些一同討論的時間並不會白費，因為我們能與那些不輕易屈服的對手建立商業上的信賴關係。這種對手會令人印象很深刻，因此，當你需要新的商業合作夥伴或是發生問題時，一定會讓你想起他。

在交涉或討論時，勝負固然重要，但這同時也是一個能夠讓你看清對方是否能長期交往、值得信賴的關鍵。

當「能幹的敵人」成為我方的時候，就是值得信賴的夥伴。

手、腳、眼睛與嘴巴，誰最了不起？

人類有兩隻手、兩隻腳、兩隻眼睛、兩隻耳朵、鼻孔也有兩個，所有重要的器官都有兩個。但是，嘴巴卻只有一個。猶太人自古以來，就針對這件事「為什麼會這樣」而論辯至今。接下來，就要介紹這麼一則寓言故事。

某個國家的國王，罹患了不治之症。無論哪一個醫生都無法治癒這種病，國王的身體就這麼一天一天地衰弱。

這時，有一位祈禱師恰巧經過，便出手幫國王診斷。

「要治好這個病，就必須讓國王喝下據說是這個世界上最難取得的母獅奶水。」祈禱師說。

於是，國王頒布了一個公告，「能夠帶來母獅奶水者，可以獲得任何獎賞」。

雖說如此，但母獅為了守護小獅子，會殺害任何想靠近自己的人。雖然獎賞相當吸引人，但人民太害怕了，根本無法取得母獅的奶水。

村莊裡有一位年輕人勇於接受挑戰。他的眼睛與耳朵互相討論，找到了一隻母獅。年輕人想了許久，最後想出了一個辦法，首先，他先給母獅一塊羊肉，藉此靠近了母獅一步，隔天，他再給了一次羊肉，又因此靠近了一步，如此不斷重複，拉近與母獅的距離。

年輕人鼓起勇氣實行了這個計畫。重複了幾天之後，他的雙手、雙腳和雙眼，終於接近母獅的乳房。年輕人成功讓母獅卸下心防，取得母獅溫熱又新鮮的奶水。

不過，正當他要把奶水拿去獻給國王的時候，他的雙手、雙腳和雙眼卻開始爭吵起來。

雙眼說：「是我正確測量了與母獅之間的距離，才得以一步一步接近。所以我應該獲得最多的獎賞。」

雙腳說：「不對，因為我的關係，即使受到母獅襲擊才能夠逃跑，我才是最重要的角色。況且，也是我一步一步地接近才拿到奶水，所以我應該要獲得最多的獎賞。」

雙手說：「你們都錯了！把母獅的乳水擠出來的是我。我的職責才是最重要的吧！」

聽著三方的爭論，至今一句話也沒說的「嘴巴」，第一次發言了。

「你們三個都錯了。我才應該領取最多獎賞。」

對此，雙眼、雙手與雙腳不滿的說：「你在說什麼？你什麼都沒有做，你不能拿到獎賞。」

當年輕人正準備把奶水交給國王的時候，「嘴巴」擅自叫了起來。

「國王，我把狗的奶水帶來了。您的病情應該很快就能好起來。」

聽到這句話，國王勃然大怒。

「我需要的是母獅的奶水。你卻拿了狗的奶水給我，這成何體統！你竟敢戲弄我。來人啊！立刻殺了他！」

雙眼、雙手和雙腳被國王的氣勢嚇得心驚膽顫，於是連忙向「嘴巴」懇求說：「喂，拜託你快點說實話吧！」

「你們看，嘴巴才是最重要的。我會拿走所有的獎賞，你們沒意見吧？」嘴巴說道。

雙眼、雙手和雙腳只能不情願地答應嘴巴了。

「嘴巴」才是最強大的武器——磨練自己的簡報能力

封鎖異端言論的日本社會

這個寓言故事強調的是「語言」的重要性。

先前曾說明「舌頭前方有幸福」這句猶太格言，這裡則是更直白表示「嘴巴才是最大的武器」。畢竟在這個寓言故事中，掌握雙眼、雙腳、雙手等器官生殺大權的是「嘴巴」，其餘的器官只能順從。

猶太人就像是由嘴而生的民族，他們最愛討論和爭辯。雖然義大利人及中國人也喜歡爭辯，但若他們遇到猶太人，應該也會陷入苦戰。在聚會上也是，如果有兩個人在爭辯，猶太人會若無其事地加入，演變成三人戰局。日本人不大喜歡爭辯，所以只要周遭有人開始爭辯，他們便會擺出一副相當困擾的表情。

我曾參加一個日本人的聚會，最喜歡爭辯的我開了第一槍，開啟跟日本戰爭史有關的話題，現場所有人無不板著臉，我立刻就被一位長輩責罵：「石角老弟，這裡不是討論這些事的地方。」

那麼，究竟哪裡才是可以討論的地方呢？在公司的會議上嗎？但在日本公司的會議上，幾乎不會有任何可爭相提出自我主張的場景，大多是事前發放書面資料，現場再針對資料內容進行確認的一種慣例作法。

報紙或電視也是相同的情況，所有人都並排站在一條橫線後面，不會出現只有單獨一間公司提出不同言論的情況發生。就算有，也不會是在檯面上作業。所以，日本媒體所報導的內容基本上不可盡信。欲了解檯面下的資訊或是不同意見的話，就只能留意歐美媒體的報導。也就是說，日本是一個會封鎖不同意見的社會。

猶太民族則完全相反，他們非常歡迎不同的意見。「討論」是一門藝術，猶太人視爭辯和討論是「Wisdom」的源泉，而互相表達對《聖經》解釋的意見，正是本書介紹的《塔木德》教誨。

猶太人會打破砂鍋問到底。為什麼呢？因為只有這樣，才能夠看清真理。例如，猶太人在動手術之前，會向負責的外科醫師提出其執刀年資、執刀次數、醫療事故數、手術中死亡率、手術成功率，以及發表論文的內容、數量和日期等一連串的問題。猶太醫生對這些問題習以為常，他們會將病患可能詢問的問題整理好，列印出來交給病患，或是直接公布在網站上。猶太人甚至會對神的至上權威表示懷疑，對職稱等權威更是不放在眼裡。接受提問，或是能夠回答問題的人，才是贏得信賴的第一步。

相較之下，日本人則不善於提問。取而代之的是，他們認為只要資料出自於〇〇大學的△△教授，或是出自公家機關，就絕對不會出錯。因此在日本，只要是為了讓某件事具備公信力，就會搬出權威人士來背書。

歐美學校已經漸漸將「辯論」和「問答環節」納入課程中，但日本卻遲遲未能培養出「討論」的文化風氣。日本各地舉行的演講或研討會，大多是由講師從頭講到尾，幾乎不會有任何的問答時間。反觀歐美國家，提問會接二連三地冒出來，甚至妨礙到講師的演講。進行邏輯思考，鍛鍊出足以說服他人的技巧，這是商業中至關重要的課題。無論日本文化如何，現在世界上有三十億人都會透過網路相互討論、提出自我主張。若只是想避免被反駁的話，總有一天會沒有人想理會你。

比較日本國會與英國國會議員的質詢，會發現兩者簡直是天壤之別。日本議員是被議長點名「〇〇君」後才慢慢起身，說聲「由我回答」等不必要的制式說詞開頭，然後才冗長且毫無情感地讀出官僚撰寫的答辯內容。而英國國會則是雙方都站著進行熱烈討論，隨機應變的幽默與妙趣橫生的發言更是層出不窮。如果沒有如此熱烈的討論，就無法看到議題中的真相與正義。

不善於表現的日本人

或許有人會反駁，認為現今的商業人士都有在鍛鍊自己的簡報能力。的確，這類型的工具書都將簡報能力的必要性描繪地煞有其事，商業人士對此的意識也比以往更加強烈。

只不過，就我的觀察，這些人雖然很會說話，但說出來的內容卻總是稍嫌薄弱。他們對於事先準備好的內容能夠滔滔雄辯，但只要有人從不同的角度提問，他們就會開始動搖，回答也會變得曖昧不明。「遇到這種情況時，要用這種方式駁倒對方」、「對於這種反對意見，則要以某某邏輯對抗」，像這種模擬或辯論的訓練還是相當不成熟。照這樣下去，肯定轉眼之間就會被習慣辯論的歐美人士駁倒，並掌握主導權。

簡報的內容固然重要，但更重要的是，能夠讓對方著迷又具備說服力的表現方式，包括聲調的音質、音量、發聲方式、節奏、手勢和表情等。國外的政治家或企業家，為了簡報而接受聲音訓練，或是到劇團上表演課程，為此不斷演練的大有人在。已逝的蘋果公司創辦人賈伯斯，就曾為了將自己的手勢與簡報螢幕結合到以秒為單位的程度，一而再、再而三地進行彩排。

磨練自己的發言能力，也包含磨練這類「表演」的能力。日本的首相雖然不斷推陳出新，但對外會晤場合的簡報內容都很薄弱，可說無人能做出有魅力的表演。換句話說，就是缺乏說服力，也難怪日本在國際上的信用不斷降低。日本人應竭力學習簡報，並有效運用表演和語言的威力。

下一個寓言故事便是記載於《希伯來聖經》中，摩西與神論辯的場景。

摩西的反論

神：「你前往埃及，把所有猶太人都救回來。」

摩西：「這不可能辦到啊！名不見經傳的我，即便向猶太人說『我是來救你們的』，也不會有任何人相信。」

神：「你放心，有我在。你就說是我派遣你去的。」

摩西：「神啊，您在開玩笑吧。如果我到了埃及，在所有猶太人的面前說『是你們的神派我來的。身為神之使者的我要來拯救你們……』，您覺得猶太人會說什麼。他們一定會問『你說神？我還真沒聽過。那個神叫什麼』，這時我該如何回答呢？」

神：「神就是神。」

摩西：「猶太人是不會接受這個答案的。他們會問我『難道你見過神嗎』，我該怎麼回答呢？」

神：「別擔心。我會讓他們見證神蹟。」

摩西：「我的嘴巴不靈光，連演講也說不好，根本不可能說服猶太人。」

神：「你知道是誰賦予人類『說話』這個能力的嗎？就是我。正是我賦予人類嘴巴及語言。安心吧！有我在。」

抱持疑問的精神才能開拓道路
——說「NO」之後，接著要說「because」

忘記「為什麼」，思考便停止了

前述神與摩西之間的交涉，進行了整整七天。包含先前介紹的寓言故事在內，猶太民族有許多與神談判、吵架，或是極力辯駁的故事。

猶太人對「為什麼」非常重視，也就是保持疑問。事實上，人類一旦放棄思考，忘記「為什麼」這個語言的時候，神便會怒氣沖沖地給予人類考驗。

各位知道《希伯來聖經》中「巴別塔」這個故事嗎？

在那個人類擁有共通語言的時代，有一位手握大權者提出「讓我們來蓋一座通往天空的高塔吧」這個提案。神知道後非常生氣。神看不慣的並不是人類要蓋一座通往天界的高塔，而是所有人都不好好思考、不經討論，就輕易贊同這個想法。「人類這種生物，只要大家的思維都如出一轍，就不會有好事！」神因此將塔破壞，並將人類共通的語言打亂，讓世界各地的語言不再相同。因為一旦使用相同的語言、擁有同樣的思維，人類就不再有「為什麼」的疑問，思考也就此停止。神正是要避免事態朝此發展。

日本人各個都像金太郎飴[2]一般，具有同樣的思維，重視「以和為貴」、調和性和步調一致，因此會停止思考。正因為停止思考，所以連自己在做壞事都不會有所察覺。除了思考之外，就連觀念也會隨之受影響，奧林巴斯（Olympus）等事件[3]就是最好的例子。停止思考、意識不足的日本人，變得只會呆呆地看著職棒、美食和搞笑藝人的節目了。

在前述的寓言中，摩西所提及猶太人的言行舉止，可說是對神相當不恭敬。畢竟他們表示，如果不提出神的證據，就沒有人會相信摩西，這完全不將神的存在放在眼裡。在日本，應該沒有人會用這種態度對待釋迦摩尼佛或辯才天（弁財天）[4]的故事吧。換句話說，猶太人就連無法親眼見到神的存在一事，都可以抱持「懷疑」態度。這也代表，他們深信「保持懷疑」正是睿智的源泉。

「NO」和「because」要一起回答

接下來要介紹的猶太格言，能有效訓練「辯論」和「討論」，同時提升「思考」和鍛鍊「語言組織」的能力。

---

2 「金太郎飴」是一種日本傳統糖果，其特點是無論如何切開，每一片都能看到相同的圖案，通常是金太郎這位日本傳說人物的圖樣。這裡用來比喻無論表面如何變化，本質或內容始終相同的社會現象。

3 意指奧林巴斯公司在二〇一一年曝光的重大財務醜聞。該公司長期隱瞞虧損，透過虛假會計手段掩蓋約十三億美元的損失。

4 日本的七福神之一，象徵智慧、音樂、財運和辯才能力，常見於神社和寺廟中。

「凡事都要先說『NO』。因為如果先說『NO』，幾天之後依舊可轉為『YES』。但如果先說『YES』，之後才更改為『NO』的話，對方肯定會生氣，反之，就不會惹對方生氣了。」

「說『NO』的時候，還需要確實說明『because』的理由，既然都要拒絕了，就需要提出讓對方接受的理由。相對的，若說了『YES』，就必須立刻付諸行動。」

日本人有許多曖昧不明的表達方式，大多時候，日本人並不會明確回覆對方提出的「為什麼」。嘴巴說「我們會回去討論」，卻遲遲不說出「YES」，但這並不代表回答了「NO」。這種談判方式其實只會失去對方的信賴。

偏執的猶太民族，凡事都會先說「NO」。但是，他們並非單純偏執地說說而已，而是會不斷地展示自己「because」的意見。

之所以會先說「NO」，就是要增加練習說「because」的機會。各位也可以試著嘗試看看。當然，若說出「YES」，就必須負起責任，付諸行動。對於從自己口中說出的「YES」與「NO」，都必須以實際的態度擔負責任，這是語言文化最重要的一點。

狐狸與葡萄田

有一天，狐狸經過一片葡萄田。垂吊的葡萄看起來實在很美味，狐狸正打算進到田裡摘取。但是，葡萄田周遭圍著牢固的柵欄，胖胖的狐狸鑽不進柵欄的間隙。

狐狸歪著頭思考著。

「好，只要我停止追捕野兔，餓個幾天肚子，一定可以瘦下來通過柵欄的間隙。」

於是，狐狸放棄追捕獵物，回到自己的巢穴，在裡頭窩了很多天，靜靜地忍耐著空腹。等到終於瘦到足以通過柵欄間隙時，狐狸才蹣跚地從巢穴裡走出，進到葡萄田中，得到夢寐以求的葡萄。

那葡萄實在太美味了！狐狸不禁沉迷其中，大吃特吃起來，吃到自己的胃再也裝不下為止。最後，牠把所有的葡萄全都吃得一乾二淨。

等狐狸回過神來，才發現自己的肚子已經脹得圓滾滾的，無法穿過柵欄間隙回家了。怎麼辦呢？狐狸又開始思考。牠想出了兩個選項。

A選項比較痛苦，牠需要將吃進去的葡萄全部吐出來，讓撐開的胃恢復到原先的模樣。

B選項則是要冒著被獵人發現的風險，待在原地，躲在葡萄樹之間，等到肚子瘦下來為止，就跟牠進來葡萄園時一樣。

那麼，狐狸會怎麼選擇呢？

凡事親力親為會讓自己置身險境

——思考用最小風險達到最佳效果

日本人經常會選擇「賭一把」

這個寓言故事也是猶太母親會說給孩子聽的故事。她們會讓小孩來判斷狐狸的行為，針對A或B兩個選項用「WHY」來詢問孩子選擇的理由。

那麼如果是你，會選擇哪個選項呢？我猜，如果是日本人的話，應該有百分之八十的人都會選擇B吧。因為日本人不擅長捨棄已經到手的東西，會毫不猶豫選擇A的人應該相當少。

相對的，A選項雖然沒有被獵人發現的風險，但卻必須把好不容易才吃到的美味葡萄全部吐出來，不但會失去一切，就連先前忍著挨餓、為了瘦下來的努力，全都會化為烏有——如果是這樣，那我寧願選擇「孤注一擲」、「賭一把」，即使冒著會被獵人發現的風險，也要賭自己能留住成果，這就是選擇B者的想法。或許也有不少日本人會認為，這個選項比較果斷乾脆、有男子氣概吧。

對猶太母親來說，小孩該回答哪個選項才是正確答案呢？我想，無論回答A或B，應該都會被猶太母親否定吧。答案既不是A也不是B。因為把葡萄全部吐出來，忍耐這麼多天的飢餓就沒有意義了；而待在柵欄內，又會對生命造成威脅，風險實在太大了。那麼，一開始就應該要放棄葡萄嗎？其實也不完全是如此。

「風險控管」是猶太人的天性，在付諸行動之前，猶太人都會先分析風險。所謂的風險管理，指的是「尋找風險和成果的平衡點」，而多數猶太人會選擇「最小的風險、最少的成果」。因為他們認為，風險還是越少越好，一次的挑戰只要能獲取些許成果即可。只要有些許的成果，機會一定會再次來臨。不要貪心，等待下次機會，如此重複循環，成果就會越滾越大。

相反的，「賭一把」是一種期待能獲得「最大的風險、最高的報酬」的方式，這也是最違反猶太思維的方式。

以最小的風險達到最佳效果

猶太人母親會教導孩子，答案既不是A也不是B，她們會引導出以「最小風險」達到「最佳效果」的C與D選項。猶太孩子經常回答的答案，應該會是「為了隨時都能從柵欄的間隙逃出，要避免吃太飽」和「可以多花幾天時間，一點一滴的吃」。日本也有所謂「八分飽」的概念，但這個寓言故事中的情況，可能需要更謹慎一點，努力維持在「三分飽」才行。

這種風險管理的想法，同樣也可適用在金錢上。我在第一章提到，猶太人會避免貪欲，因為他們知道，若像故事中一心想大賺一筆（吃飽）的狐狸一樣，肯定會伴隨巨大的風險。因此，猶太人會克制自己的貪欲，遵循戒律，過著質樸的生活。

事實上，這個寓言故事有相當多不同的解答。

小孩會絞盡腦汁地思考「最低風險的最佳效果」（注意！並不是「最大效果」）。如果狐狸不用自己進入柵欄內，而是拜託松鼠或老鼠等其他小動物，代替自己進去摘取葡萄呢？這個方法可以避免被獵人發現，以及無法順利逃出來的風險。但相對的，這個方法必須把得到的葡萄分配給代替自己摘取的動物。

從商業的角度來說，這就像是合資公司或把自己公司的業務外包給其他公司。像這樣的答案，也是一個有確實掌握重點的回答。

思考如何提高「進場門檻」

只不過，猶太母親並不會就此止步。對回答「可以請松鼠幫忙去摘葡萄」的小孩，猶太母親會提出更進一步的問題。

母親：「如果其他狐狸也去拜託松鼠的話，就會產生競爭，這時該怎麼辦呢？」

小孩：「那我就不拜託地上的松鼠，可以改成請空中的小鳥幫忙，飛到柵欄內摘取葡萄。」

母親：「你要怎麼拜託在天上飛的鳥兒呢？」

小孩：「我會在地上畫出從空中也能清楚看見的大型棋盤，再把鳥兒喜歡的樹果放在上面，鳥兒應該就會來了。」

母親：「這個主意不錯，很難有人會想到這一步呢！但是，如果其他狐狸看到，也開始模仿你的做法怎麼辦？鳥兒很有可能會跑去另一方喔。」

小孩：「鳥兒來我這的話，我會跟牠說，如果你幫我摘葡萄的話，下次我會給你更多更好吃的樹果。但下次我會在地面畫其他的圖案喔！你幫我摘葡萄來的時候，我會偷偷告訴你下次的圖案是什麼。」

聽到這裡，母親第一次露出微笑，並誇獎了小孩。

各位應該已經了解了吧！拜託松鼠摘葡萄，就等同於採取「分包」的商業模式，而其他狐狸的加入，就代表「競爭」。讓孩童思考為了避免被其他狐狸搶走葡萄，該如何提高進場的門檻，並讓他思考到「讓對方不知道自己會描繪何種圖案」的地步。這就是所謂的「黑箱作業」，如此一來，便能提高進場門檻。

向英特爾學習風險管理

由安迪．葛洛夫領導的英特爾，過去是電腦記憶體晶片的製造商，但在某個時期突然撤出了記憶體事業，進軍全新的CPU事業，結果大獲成功。砍掉記憶體事業，就像是狐狸做出「不讓自己進入柵欄」的決策（這種事就交給日本企業）。英特爾專注發展CPU事業，委託天空的鳥兒（世界各地的電腦製造商）製作系統，接二連三地推出「黑箱化」的高性能CPU，讓全球的電腦製造商，被迫做出能接收英特爾「信號」（畫在地面上的圖案）的零件。

英特爾的行銷策略是「Intel Inside」，這句大家耳熟能詳標語，同時也是電腦世界的共通標誌。而它的廣告台詞「裡面有Intel嗎？」反映在現在市面上所有的電腦，幾乎都是內建英特爾的CPU，就連蘋果公司的Mac電腦也是。

電腦是依照CPU的電子命令運作的，電腦中的零組件若未能按照英特爾的規格製作的話，便無法運作。因此，若說英特爾支配了所有一切事物也不為過。

日本企業相當擅長「自製」，也就是所有事都由自家公司承擔，這就像是自己主動進入柵欄的狐狸一樣，或許得以吃飽，但卻伴隨著會承受致命損失的風險。

如果是猶太人的話，他們就不會冒這種風險。

在商業場合，猶太人會徹底調查、腳踏實地的以「最小風險、最小成果」的態度面對。正是因為沒有心存要「一次定勝負」的貪欲，他們才能冷靜判斷狀況，並做好隨時脫身的打算。

此外，當發生「意料之外」的問題時，猶太人也能不慌不忙地將之轉化成最小的風險，度過危機。猶太人就是從小開始訓練、培養這種思考方式。

「風險管理」與「風險分散」都是猶太民族的聖經《塔木德》的教誨，其中匯集豐富的啟示與教訓，足以做為現今商學院的案例使用。

過度謹慎的阿拉伯商人

阿拉伯有一位年輕商人，即將展開一段橫跨沙漠的旅程。他知道，若途中遇到沙塵暴就得被迫停下來，因此原本三天的行程需要三桶水，為了保險起見，他打算多帶一倍，也就是六桶水上路。但一頭駱駝無法搬運六桶水，為了搬運六桶水，他總共買了兩頭駱駝，計畫等抵達目的地之後，再把駱駝賣掉就好。

然而，一路上他並沒有遇到沙塵暴，駱駝卻因為水桶的重量筋疲力盡，再也走不動了。年輕商人不得已，只好捨棄兩頭駱駝，把最重要的物品揹在身上，繼續前進。

沒想到，才走了不到半天的路，沙塵暴就席捲而來，讓他完全迷失方向。他只能留在原地，等待沙塵暴過去。

這場沙塵暴持續了三天三夜，年輕商人的糧食也因此耗盡。第四天早晨，沙塵暴終於結束，但他已經沒有力氣能揹著行李繼續往前走了。

年輕商人別無選擇，只能捨棄行李，勉強地把水壺掛在腰上，好不容易才找到鄰近的村莊，撿回了一條命。

兩頭駱駝、重要的行李，他失去了所有。

過度謹慎並不會帶來更好的結果

——與其窮擔心，不如做出「適當判斷」

「謹慎」要適可而止

同樣的，這也是跟風險管理有關的寓言故事，它想傳遞什麼訊息呢？「狐狸與葡萄田」說的是猶太人希望以「最小風險」達到「穩定的獲益成果」，以此為基礎，「過度謹慎的阿拉伯商人」這個寓言又加入了新的教訓，告訴人們：太過於謹慎行事，反而會讓自己置身險境。

日本人也時常會過度擔心可能會「發生這個」或「發生那個」。踏入新的商業領域時，通常會希望能夠防範所有可能會發生的問題。但這個寓言故事提醒我們，如果過度悲觀看待最壞的情況，反而會成為達成目標的阻礙。

但這是不是說，不必謹慎行事、不用思考對策，只要在碰到問題時見招拆招就好了呢？不，並不是這麼一回事。事實上，即便這位阿拉伯商人一如預期的遇到了沙塵暴，卻也失去了搬運行李的駱駝。這難道不是因為他擔心沙塵暴，所以讓駱駝搬運六桶水、導致負載過重的關係嗎？因此，不論是過度謹慎或過度樂觀，肯定都不會得到好的結果。

那麼，他應該在事前做什麼準備，才是最好的對策呢？故事中並沒有答案，如果你是這位商人，你會怎麼做呢？

為了做出適當的判斷，猶太人不會「擔心」，而是會絞盡腦汁地思考、計算風險。在擔心或不安的狀態下判斷事物，通常都是在自尋煩惱，甚至會因為過度謹慎，導致遲遲無法邁開步伐前進。

猶太人會如何適當拿捏箇中分寸呢？提示就在下一個寓言故事中。

失事船隻上的三名乘客

某天，一艘帆船遇到了暴風雨，船隻漂流到一座結滿各種果實的小島上。船上的三位乘客，打算在島上等船隻修理好後再重新出發。

第一位乘客，因為不知道船什麼時候會修理好，擔心自己會被留在島上，所以堅持不肯下船。即便已經好幾天沒有吃東西了，他也決定要忍耐下去。

第二位乘客下了船，在能看得到船隻的範圍內摘取水果果腹。當他看到船隻快修理完畢時，便趕緊回到船上。雖然沒能吃飽，但至少不再是空腹，而且也補充了水分。

第三位乘客，則認為船不會那麼快就修好，於是決定下船盡情吃個飽。即便船隻已經遠離自己的視線範圍，他也不在乎。等到他填飽肚子後回去一看，船已經不在了，他就這麼被丟包在荒島上。

那位不肯下船的乘客，在之後的航程中因飢餓而死去。而留在島上的乘客，則是在島上度過餘生。

合理計算風險——能冷靜評估風險的人，才是最後活下來的人

把風險分成大、中、小應對

凡事都有風險，無論是過度擔心船隻駛離的乘客，或是過度樂觀船隻沒那麼快修好的乘客，最後都招致不幸的結果。唯有計算空腹和被留下來的兩種風險、做出

正確判斷的乘客才得以獲救。

挺身而出負責有風險的專案，過於謹慎不會有結果，但過於大膽行事也會以失敗收場。要做到拿捏恰當，必須像「在看得到船隻的位置，吃少許水果的乘客」一樣，迅速計算風險並累積鍛鍊思考的能力。思考靈活的話，應該就能想出好幾個方法，不光是A或B，還有C、D、E等，然後從中思考哪一個選項的風險最小、最少可以獲得何種成果。

日本的諺語常說「邊敲打石橋邊過橋」、「未雨綢繆」、「再怎麼小心也不為過」，這都是教導大家要慎重、慎重、再慎重，但其中卻並未提到事前準備應該要做到何種程度，才能獲得多少成果，也就是慎重與成果之間的關係。相對的，猶太寓言故事及格言中都會提示，「獲得成果的具體應對方式」。石頭橋不會崩塌，所以過橋時不需要敲打確認，真正需要做的，應該是調查橋究竟是以腐蝕的木頭或牢固的石頭建造。

猶太人究竟是如何在腦中思考、計算風險的呢？

在即將面臨重大困難之際，日本人往往會告訴自己「沒事的，不會出現比山還巨大的山豬」，藉此緩解不安。事實上，雖然山豬不會像山一樣高聳，但也有可能會出現體型令人意想不到的巨大山豬，這種時候當然會感到恐慌。

對此猶太人認為，在事情發生前為了擔心是不是惡作劇而焦慮不安，是沒有好處的事。猶太人會在事前設想「山豬一定會出現」，並為此詳加調查。《希伯來聖經》記載摩西在進入迦南之前，就曾派遣了調查隊伍，藉此告誡我們事前調查和資訊分析的必要性。此外，他們也會將山豬的體型大小，劃分成大・中・小三個種類，擬定不同的對策。像若是「大型」山豬出現，就必須迅速撤退，而逃跑路線也會在事前策畫好。

謹記「分散」與「停損」的猶太人

資產管理中有一種起源於古老猶太人的投資三分法，就現代而言，就是指投資不動產、股票和債券等三種不同金融商品的方法。這是一種透過分散投資現金、不動產、貴金屬及其裝飾品等不同類型的資產，以降低整體資產變動的分散風險策略。

我有一位住在印度的猶太友人，就是將他在寶石交易中賺到的錢，拿來實行「財產三分法」，其中三分之一用於類現金等產品，三分之一用於美國或德國的國債，以及超優質公司債，剩餘的三分之一則是持有股票。而股票又會再細分成三種類型，其中三分之一是IBM或Google等歐美的穩定績優股，三分之一是歐美的成長股，最後三分之一則是中國、巴西、印度等新興國家的高風險高回報股。

這便是將所有財產的九成放在低風險的安全投資上，其餘一成才用於投資高風險的股票。雖然高風險股票在上漲時能帶來可觀的收益，但我朋友無論賺了多少錢，也絕對不打算改變他的投資組合。

此外，他更是早早將停損點設為「二分之一」，二〇〇八年的雷曼兄弟事件導致全球股市暴跌時，當他的股票虧損二分之一時，他就立即出脫持股。

在景氣好、經濟熱絡的時候，要確實控制支出並不是一件容易的事，這需要有相當堅強的意志力。相反的，當投資出現虧損的時候，要決定在哪一個時機點撤退，更是難上加難。許多人都會有「我還能撐下去，我還可以扳回一城」的想法，結果就是錯失股票的賣點，擴大虧損，緊抱著那些持續走跌的壁紙股票。專業的投資人會徹底實行分散投資，並在進場投資前設定明確的停損規則，避免這種擴大損失的狀況。因此，投資前設好停損規則非常重要。對猶太人而言，「分散」跟「停損」都是基本常識。

至於日本企業會怎麼做呢？由於決定一件事往往需要開會，或以書面形式請示高層，組織的決策速度較慢，因而不擅長迅速撤退。日本企業經常會因為公司還在慢吞吞地觀察狀況，未能盡早停損而蒙受更大的損失。假設是總經理決定進軍某個有風險的事業，或進行相關投資，即使大家內心認為「再不收手，公司就會完蛋」，依舊不會有人在董事會上提議撤退，因為大家都把自己「個人」看得比公司還要重要，甚至會試著隱瞞已經造成的損失，這種行為就像是「吃飽的狐狸選擇躲在柵欄內」一樣。若無法判斷停損時機，持續這樣下去，將會不斷陷入損失的深淵，帶來更大的風險。

雖說如此，但也不是所有猶太人都能做出明智的判斷，雷曼兄弟公司的創辦人就是猶太裔，該公司因為集中投資高風險的「次級貸款」而受到極大的打擊，慘遭破產。它的經營者應該忘了猶太人的投資原則，而這種時候，神就會輕易地沒收它的財富。但另一方面，矽谷也有許多成功的猶太人，像是Google的賴瑞·佩吉和臉書的祖克柏等。

為明日播種

早晨要撒你的種，晚上也不要歇你的手，

> 因為你不知道哪一樣發旺。
> 或是早撒的，或是晚撒的，或是兩樣都好。
>
> ——《傳道書》，第十一章六節

培養企劃．策劃方案的人才——熱銷商品必須具備多樣性

分散風險與多樣性

猶太人時常認為，「或許到了明天種子就會發芽」，因此總是不斷地播種。雖然不知道是哪一株會發芽，但若沒有播種，肯定不會有結果。公司營運當中最賺錢的

就是企劃和策劃，以及硬體相關的內容販售。例如，蘋果公司的iTunes業務就屬於「內容販售」。

據說蘋果公司的線上商店有二十萬款以上的iPad專用App應用程式。二〇一一年時僅有六萬五千款，僅僅過了一年就增加了三倍之多。我在寫這本書的二〇一二年三月時，Apple Store的應用程式數量已來到五十八萬，總下載量更是突破了兩百五十億次。這些App來自世界各地，任何人二十四小時都可以隨時下載。即便一個使用者的費用較低，但若使用者擴展至全球，就能產生巨大利益。蘋果公司雖然不算是猶太公司，但這套制度卻相當猶太化。

反觀日本企業在策畫方案與硬體相關的內容販售部分，可說做得相當糟糕。

在電子領域有一個呈現附加價值架構的「微笑曲線」，位於價值鏈中心的「製造」與「組裝」的附加價值最低，兩側的「企劃與策劃」和「品牌與售後服務」的附加價值最高，整個曲線呈現拋物線狀，看起來就像是微笑時的嘴形，因而稱為「微笑曲線」。也就是說，位於上游的企劃與策劃和位於下游的品牌與內容販售能提高利潤率，但中游的製造與組裝卻賺不到錢。蘋果公司、Google、英特爾等創造高利潤率的企業，都具備能受到全世界認可的企劃與策劃、販售數位內容的裝置或是制度。

由於日本不善於販售企劃或數位內容，不得已只能仰賴製造。製造大國日本的稱號看似很棒，但其實僅是「只會製造」罷了。

公司營運內容與交易對象越來越國際化，負責策畫方案的同仁就需要具備多樣性。所謂的「多樣性」，指的是能因應市場上的多元要求，企業方也不局限種族、性別、年齡或信仰等，善加運用各式各樣的人才，並能讓他們發揮最大的能力。

地球上有男有女，有猶太教徒、伊斯蘭教徒、佛教徒，還有印度教徒，有各式各樣的種族，以及來自截然不同的家庭環境、國家和歷史背景的人，如果策劃方案者並非以此為前提去策畫的話，推出的商品就不可能販售至世界各地。日本的手機系統之所以輸給蘋果跟Android就是這個原因。

在日本企業中，尤其是策劃方案的部門特別欠缺多樣性想法。過去在日本，難道不都是由那些大學畢業的男性員工在做策畫的嗎？

過於強調生產、製造，就無法培養最能賺錢的策畫方案人才。因為這樣，只能在容易出現競爭對手的製造方面與他人競爭，最後卻踏入與競爭對手的削價競爭，帶來猶如現今的家電產業般幾千億的赤字。

日本人啊，現在該從製造業的信仰畢業了，並像《傳道書》所述，各位必須自己親手種下能夠在明日世界開花結果的種子了！

那麼，該在何處、種下何種種子呢？下一個寓言故事的猶太式平台建立方法，應該能幫助各位看清這個問題。

兩個乞丐

中世紀的某一天，有兩個猶太乞丐來到天主教王國——法蘭克王國。為了生存，他們打算在這裡乞討。

其中一個乞丐面前，放著象徵猶太教的六芒星，另一個乞丐則將十字架放在面前，兩人開始向路過的人乞求恩賜。

由於天主教徒在當時的法國占絕大多數，因此把十字架放在面前當然可以獲得更多硬幣。

把十字架放在面前的猶太人在硬幣累積到一定數目之後，便在別人看不到的地方，將硬幣交給另一位把六芒星放在面前的猶太人。他們刻意營造出六芒星乞丐面前的硬幣堆積成山，而十字架乞丐面前卻空空如也的景象。

這時，有一位路過的天主教神父，他看到十字架乞丐的地上居然連一枚硬幣都沒有，但六芒星乞丐面前確有堆積如山的硬幣，神父說道：「天主教徒的乞丐啊，真是可憐！就讓身為天主教神父的我賦予你金錢，讓你能夠與猶太人不相上下吧。」然後將好幾枚硬幣放在十字架乞丐的面前。

如此重複了幾天之後，兩個猶太乞丐終於賺到能夠做生意的本錢了。

建立一個「讓人行動、讓金錢流動」的賺錢架構

——從解讀人心開始

建立能賺錢的「平台」

這個名為「兩個乞丐」的猶太寓言故事，教導了一個讓許多人在乞丐面前停下腳步，並哐啷、哐啷不斷丟錢的「平台」建立方式。

如果兩個乞丐就只是單純並排坐著、向路過的人乞討的話，可能只會得到勉強能填飽當天肚子的錢而已。但是，他們解讀了人類的內心，盤算要如何才能讓人採取行動。他們認為，天主教徒看到只有猶太乞丐得到硬幣，肯定不會坐視不管，所以刻意營造一個六芒星乞丐得到許多硬幣的景象。他們的作戰方式成功了。他們想

出了一套不得不讓人採取行動的「架構」，因而得以持續地賺錢。

經濟用語中的「平台」，指得是能成為其他業界基礎的產業種類與架構。回顧猶太人的歷史會發現，他們至今參與了許多平台型、掌握事物根源的生意。例如，銀行或證券等金融業都是掌握金錢流動的基礎與根源，而物流業則是掌握物品流動的平台。

十九世紀握有礦山的資本家，大多都是猶太裔（例如戴比爾斯〔De Beers〕、古根漢〔Guggenheim〕等人），鑽石或黃金等礦物業界也有許多猶太人。

所謂平台「架構」的典型範例就是，鑽石的切割與研磨技巧。鑽石的原石，其狀態就只是半透明的石頭，在施以研磨與切割後，鑽石就會綻放具有數萬倍價值的寶石光芒。這就是能讓世界各地的人「哐啷哐啷金錢墜落」的平台，而這門生意是安特衛普（Antwerpen）猶太人的壟斷市場。現今全球的稀土需求高漲，各國已展開資源爭奪大戰，而得以搶先掌握源頭的便是猶太人。

或許正因為猶太人能冷靜解讀人類對於金銀財寶等物資的執著，以及解讀其內心與行為，才能搶先一步投資礦山。猶太人的英文是Jew，珠寶飾品的英文是Jewelry，而寶石的英文則是Jewel，這恐怕不只是巧合而已。

讓努力開花結果

日本人或許會厭惡上述寓言故事的賺錢方式，原因或許是基於「金錢必須透過勞動來換取」的道德觀念，或者認為光靠研磨石頭，賺取數萬倍利益的賺錢方式並不公平。日本人認為，企業必須要以商品的價格和功能品質等去競爭，必須投入能量在產品開發上。當然，這種努力固然重要，但這樣下去會出現更多競爭對手，無論是企業或員工都會筋疲力盡。

猶太人會盡量避免這類消耗戰，可以說他們甚至為此掌握買賣的基礎規則、物資、工具，以及知識，以此建立特有的架構，打造不容易被捲入競爭的環境，將其化為知識黑箱、商業機密，且不會傳授出去，這就是建立平台的方式。創建能夠確實執行的架構過程相當辛苦，但只要能夠達成，就能持續從中獲取巨大利益。

中國是全球第一大的稀土產出國，目前也可看出中國相當有意願參與建立「平台」。中國對在回歸後的香港經營事業的猶太資本，採取彈性管理，並未做出損害其國家利益的事，或許也是預測他們對中國在建立平台時會扮演重要角色的緣故吧。

目前，猶太人非常熱衷於建立免費的超高速無線寬頻平台，也就是出門在外能免費使用的超高速Wi-Fi或無線LAN存取點。目前可免費使用的Wi-Fi熱點大多僅限於星巴克、特定餐廳或是飯店，而且網速並不快。猶太投資人對擴大免費熱點範圍的架構及科技抱持極大興趣，現在正拼命地想將之做成生意。這一點可以從美國的AT&T和Sprint公司在東岸拓展4G網路看出來。

此外，近期由美國海軍與相關企業共同開發的3G網路備受關注，該計畫預計發射共八個名為MUOS的巨大人工衛星，未來在地球上任何一個地方，即便沒有路由器，人們也能使用高速Wi-Fi。接下來的日子裡，必定會朝著4G、5G網路發展。目前該計畫的第一顆衛星已經發射，在不久的將來，一般民眾也會有用到MUOS的時候。

不論是Google或Skype，都開放讓一般民眾免費使用他們的服務——免費就能聚集人群，人越多就能蒐集到越多個資，將其運用至廣告收入或部分收費的服務，公司營收便能因此提升。也就是說，建立一個乍看矛盾的「不收費」平台就相當重要。他們認為，超高速廣域且免費的Wi-Fi相關事業，在十年、二十年後，會成為將其涵蓋在內的最大基礎設施，而我也認為他們的預測是對的。成功建立這個平台的基礎之後，各個國家的手機無論在哪裡都可以免費使用寬頻網路，現在被鎖定只能接收簽約電信公司訊號的手機，就會完全失去意義。

如果可以不透過電信公司，用iPad或iPhone盡情撥打電話給任何人，電話訊號將再也無法收費，Apple的Facetime或Skype就是先驅。現在比起電話號碼，Skype上的聯絡人姓名更加重要，或許有一天，電話號碼會完全消失。未來提供免費超高速Wi-Fi的企業，將可掌握全球用戶的極大商機。就像家用電話已成為古董，十年之後，訊號被鎖定的手機也會成為過去式。

猶太人不會因為不景氣而有所節制或放棄，因為對他們而言，不景氣才是開創新事業的大好機會。

我們需要為了賺錢而努力，但努力若不能開花結果，就只是一味地消耗自己罷了。不要只是盲目的工作，而是要試著觀察人類的內心與行為，並思考如何提高效率。

我們不應該單純順應他人制定的框架，而是應該要自己去思考「框架」。提供免費服務的同時卻能夠賺錢，乍看矛盾的商業模式，或許可以從iTunes、臉書、LinkedIn、Dropbox或Evernote等平台得到靈感，對勤勉且習慣單向思考的日本人而言，或許這是最不擅長的思考模式。但是，若能對凡事抱持疑問，並養成能找出問題的猶太式思考方法和組織的多樣性，或許就能產生足以改變世界的想法。

懷疑任何事情，持續思考，這就是商業成功的大原則。

猶太人的黑色瞳孔

「為什麼猶太人的瞳孔是黑色的？」

「那是因為猶太人總是待在黑暗處，往明亮處看。」

「為什麼猶太人的瞳孔是黑色的？」

「那是因為神為了避免總是往明亮處看的猶太人，轉為樂觀主義與享樂主義。」

「為什麼猶太人的瞳孔中心是黑色的，而周圍是白色的？」

「那是因為從黑暗的一面看世界，能更清楚看清事物的全貌。」

人在順風順水時，更要為困境做準備
——有時也要有捨棄一切的勇氣

在順境思考逆境之事

我在第一章「七隻健壯的牛，與七隻骨瘦如柴的牛」這個寓言故事中，曾提到「在好景氣之後，必定會迎來不景氣」，有好事，就一定會有壞事，這告誡我們不得懈怠準備。這裡要介紹的是，直截了當呈現想法的猶太式玩笑。

在狀況好的時候應該思考狀況壞的時候，為之做好準備。但至今日本的作為，幾乎都與猶太教誨相反。每個人都陶醉在八〇年代的泡沫經濟時期，人民瘋買不動產或貴金屬，政府則是在各地興建道路、建造水庫，更對地方政府以「故鄉創生事業」的名義，各實施一億日圓的揮霍財政。不知該把錢用於何處的鄉鎮，則建立銅像或是浪費在沒有任何人使用的公共設施上，做了最愚蠢的巨額預算使用方式。

如果能在景氣好的時候確實緊縮財政、做好儲蓄，日本就不會演變成如今的借貸大國了。

同樣的事也能運用在商業領域。凡事順利之際，更應該以惡化為前提擬定對策，並確實付諸實行。最近我才知道，日本的電力公司會在擁有核電廠的鄉鎮建造銅像或沒有人會使用的豪華活動展覽館，藉此來分配利益。然後在核電事故發生之後，再以沒有資金為由要調漲電費。景氣好的時候完全沒有提前做好準備，無論是電力公司、企業，甚至連政府都是如此。

絕對嚴禁盲目相信一件事。人類在生意順利的時候，通常會覺得是自己的能力使然，這其實是天大的誤會。事情之所以順利，往往是因為時勢使然（神的心血來潮），當事人的實力其實並沒有多大的貢獻。

但是，如果能在事業一帆風順之際，選擇轉換方向，或是開始為陷入困境時而準備，這就並非是神的心血來潮，而是當事人的能力使然。唯有能確實看清時代潮流，做出適當應對的人，才是真正有能力的人。

具備「果斷前進」的勇氣

每當聽到猶太式的思考提到，「越是順利的時候，就是應該去找尋其他道路的時候」，我都會想起英特爾的安迪．葛洛夫，這位在二十一世紀將Wisdom轉換成金錢的猶太人。

前文提過，創業初期的英特爾，製作的是DRAM等記憶體晶片，後來晶片製造商的競爭越演越烈，日本的東芝、日立和NEC等公司皆加入了戰局。

這時葛洛夫發揮猶太人思維，思考今後該何去何從，英特爾是否應該繼續與日本企業競爭，維持晶片製造商的經營方式是否正確？

然而，我想他應該下定了決心，要「果斷前進」。

根據《希伯來聖經》所述，猶太人的始祖亞伯拉罕曾接到神的旨意，要他「果斷前進」（捨棄一切，前往新土地），於是他放棄父親的土地，捨棄繼承父母的富裕生活，前往一個全新的地方，從零開始。神命令亞伯拉罕不要在相同的地方停滯不前，必須離開目前的所在地，全部重新來過。

「果斷前進」就等同於「Let’s Go」的意思，但神的本意是「Let’s go With everything left」，也就是「捨棄財產與土地，孤身一人前往新的地方」。

雖說有許多同業加入競爭，但英特爾依舊以晶片製造商的姿態一路領先，不斷提高利益。即便如此，葛洛夫仍然果斷決定退場，而且是在利益高點之際選擇撤退。這個選擇正是「果斷前進」。

在全新的土地上該做什麼呢？一切從零開始，又該做什麼呢？葛洛夫在腦海裡想著，新事業的構想於焉而生——他決定接下來要做中央處理器CPU，也就是電腦的大腦中樞。葛洛夫將這個構想付諸實行，也讓英特爾躍居全球王者的地位。

當一切歸零時，機會就會出現

葛洛夫華麗地從能獲利的晶片事業撤退，轉而發展新的CPU事業，可以說他正是實踐「果斷前進」的亞伯拉罕。

從商業上來說，即便在腦海裡想著「見好就收」，但實際上這並非易事。如果是遇到一點陰影才撤退，時機點又太慢了。正是一帆風順之際，才能夠為新事業做好萬全的準備。

葛洛夫的厲害之處，就在於他能夠從零開始思考，將自己化為一張白紙，思考捨去一切之後「自己該做些什麼」。若晶片事業為他帶來的財富在他腦海裡打轉，或許就不會讓他產生足以席捲世界的想法了。

雖然葛洛夫下定決心選擇「果斷前進」並獲得成功，但神也有可能一時心血來潮，在人類意想不到時給予「果斷前進」的試煉。像是公司受到總公司牽連而破產，或是某一天突然被裁員，甚至是碰到大地震等，這些都是有可能會發生的事。

在我年輕的時候也曾遭受試煉。我陷入一個律師生涯可能就此結束的困境，那真的是相當痛苦的一段經歷。後來我認識了「果斷前進」這個詞，這才豁然開朗，心想「原來當初就是這種情況啊」。當時我太太跟我說「不用執著於非得留在日本當律師不可，我們就去美國展開新生活吧」，這正是「果斷前進」的勸導。

我有一位日本友人是相當知名的青年實業家，他也是「果斷前進」的實踐者，他在生活與事業都到達最高峰的時候，決定要離開東京，遠赴美國。雖然他太太不會說英語，但也帶著五個小孩跟著去了，現在一家五口非常享受在美國的生活，因為她的先生在美國找到了新的道路。我的另外一位友人也是，原先他在東京神谷町經營避險基金的事業，卻因為二〇一一年發生的地震和核能事故，決定一家人移居到新加坡。

事實上，「果斷前進」這四個字並不是真的要你到新的地方發展，而是希望你能深入自己的內心層面，尋找從未發現的全新自我。這是多麼富有啟發的一個詞啊！

也就是說，當一切歸零的時候，正是遇到全新自己的絕佳時機。就像是黑色的瞳孔，正是為了要看明亮的東西而存在。

一場最糟，但也是最棒的災難

有一位正在旅行的拉比，他帶著一隻狗和一隻羊，還有他用來閱讀《聖經》的油燈。他走了一整天的路，太陽已經完全下山，拉比開始尋找當天要住宿的地方。過了不久，他找到一間簡陋的倉庫，打算在那裡過夜。

由於還不到就寢的時間，拉比便點亮油燈，開始讀起《聖經》。但原本以為還有油的油燈，卻因為早就沒油了，燈光一下子就熄滅了。拉比無奈之下，只好提早就寢。

當天晚上，所有的壞事碰巧都一起發生。他帶在身邊的小狗被毒蟲咬死，後來又來了一隻狼，把他的羊也吃掉了。

到了隔天早上，拉比餓著肚子上路，因為他沒有羊奶可以果腹。

走了一會兒，拉比來到某個村莊附近，他發現了不尋常之處，因為周遭完全沒有人的氣息。仔細一看，到處可見村人被殺的慘況，這時他才知道，原來前一天晚上有盜賊襲擊村莊，殺害了所有村民，奪走他們的財物。

拉比因為恐懼而全身顫抖，他不禁想起，如果昨晚他的油燈沒有熄滅的話，自己肯定也會被盜賊發現。如果他的小狗還活著、大聲吠叫的話，自己一定也會被發現，羊隻也會因驚動而發出聲響。

正是因為失去了一切，自己才得以獲救，拉比因此有了深刻的頓悟。

他心想，「無論遇到什麼樣的災難，我們都不能失去希望。我們必須要深信，最糟糕的事等同於最棒的事。」

正面思考的智慧——最糟的事會把你從更糟的事中拯救出來

當厄運來敲門

這則寓言故事與「黑色瞳孔」有異曲同工之妙，它告誡我們：那些看似接二連三的壞事，或許在超出人類智慧之處，是在把你從更糟糕的事態中解救出來。

這個教誨當然也適用在商業上。每當工作出現問題時，我們通常會驚慌地說「糟糕了」，這麼做除了累積壓力，讓我們無法看清事物的本質，工作也會因此變得枯燥乏味。

猶太人在工作上遇到問題時，都會將之視為是發生更糟問題的防波堤。他們不會引起無謂的恐慌，而是會絞盡腦汁，思考是否會因此出現新的局面。

「猶太人能率先感知到世界即將發生的不幸，但卻是最後感受幸福的一群人」，人們經常會這樣形容猶太人。

之所以會有這個說法，是因為猶太人看待事物的角度總是與他人不同。當事情順利時，他們會為困境做好準備，絕不會驕傲自滿；當事情不順利時，他們也不會失落，而是會正面思考，把困境當成是神為了防止發生最糟糕的事，所帶來的結果。

嚴酷的考驗會淬煉出堅韌頑強之人

日本有相當多中小企業的經營者或自營業的老闆，因為不景氣、公司無法經營下去的關係，走上自殺之路的案例。就連年輕人的自殺率也逐年增加。近年來，日本每年的自殺事件已超過三萬起，在先進國家中名列前茅。

自殺對猶太人而言，是對神的反抗與反擊。

「命是我自己的，我要怎麼樣是我的自由」，這種想法是非常極端的反猶太主義，相當於臨陣脫逃。

猶太人認為，生命是神所賦予的，只有神才能奪取生命，所以無論發生再糟糕的事，也絕對不能自殺。神一定會從祂的角度避免讓你發生更糟糕的事，所以即便有六百萬名猶太人被納粹所殺，基於這個信念，他們依然堅持不放棄猶太人的身分。

猶太人對任何事都不會輕言放棄。他們幾千年來都相當重視《希伯來聖經》，也絕對不會捨棄自己的性命。幾個世代以來，他們都靜靜忍耐、等待起死回生的機會。雖然在摩西的帶領之下，猶太人逃離了埃及，但為了進入與神約定的應許之地，他們有長達四十年的時間都在沙漠中徘徊。四十年，也就是一個世代。正是因為重視生命，所以沒有自我了結，他們才能獲得成功。

第一章提到的世界級投資家索羅斯，他以投資家和慈善家聞名。索羅斯在一九三〇年出生於匈牙利的布達佩斯，當時納粹德國正在追殺猶太人，索羅斯好不容易才逃過進入集中營的命運，卻不斷地與父親在滿是屍體的瓦礫堆中躲藏，有著一段相當慘烈的經歷。索羅斯提到，「即便後來我在金融市場上遇過相當大的風險，但跟這個時期的經歷相比，那些風險都顯得太過渺小。」

索羅斯經營的投資公司負責為避險基金操盤，他從世界各地的富裕階級或機構投資者那裡籌募資金，提供回饋。雖然不清楚索羅斯究竟坐擁多少資產，但他在英鎊匯率混亂的一九九二年，以及在一九九七至一九九八年的亞洲金融風暴之際，都能獲取鉅額的利益，可說是世界上屬一屬二的富豪。

不過，索羅斯是相當神祕的一個人，他不僅未曾詳細公開自己的投資內容，也完全看不到他身為成功人士的驕傲自滿，大家看到的都是他冷靜透徹的一面。此外，他也為了消滅世界上的專制政權或飢餓而採取行動，或是為了解決蘇聯、東歐的社會主義政權崩壞後的混亂，提供巨額的資金援助。這或許是基於他得以在人生黑暗時期存活下來的「堅韌頑強」，以及對弱勢者的深切關注。由此看來，第一章提到的美國前財政部長魯賓也擁有典型的猶太式思維。

迷路的公主

有一個國家的公主在森林裡迷了路，無論走哪一條路，都走不出去。她被困在森林裡好幾天了。

這時，她在森林深處遇到了一位白髮蒼蒼的老人。公主覺得自己終於得救了，於是趕緊向老人問道：「我迷路了，請告訴我要走哪一條路，才能走出這片森林。」

老人咕噥著回答公主：「我已經在這片森林裡徘徊了四十年。我唯一能告訴妳的，就是走哪一條路會回到這片森林。」

從眾多失敗中學習——逆境時的經歷，會帶你走向成功

堅韌頑強的基礎

《希伯來聖經》記載了許多猶太人歷經千辛萬苦的情景，例如「你們要刻苦己心」（《民數記》，第二十九章七節）。相較於信奉其他宗教的人，都是向神祈禱「讓自己脫離災難」，但神卻教導猶太人「要經歷並忍受苦難」。這也造就了猶太人的堅韌頑強，以及不輕易放棄一切事物的基礎。

在猶太教的學習會上，會以各式各樣的主題進行討論，其中，大家最受鼓勵的，就是互相談論彼此的失敗經歷。在猶太人遭受迫害的歷史中，經常能見到苦難與失敗，因此他們更重視失敗經歷，也對「為什麼做得不對」一事相當關心。猶太

人認為，分析錯誤的道路，必然能找出正確的道路。從商業上來看，如果一位員工經歷的一直都是景氣好的時候，他就無法成為一位有能力的經營者。因為從未經歷挫折或失敗的人，很有可能在某個時刻突然掉進相當離譜的陷阱，而完全不受控制。

猶太人也認為，比起成功人士，失敗者所說的話更有幫助。在猶太學生占極大比例的哈佛商學院，其教材中也舉了相當多的失敗範例。我希望日本的商業人士不要只是參考工具書的成功經歷，而是應該多加觀察真實的失敗經驗，因為失敗經驗中才藏有無數邁向成功的祕訣。至於要看哪種書，才能看到失敗經驗呢？猶太人會閱讀《希伯來聖經》，那麼日本人呢？

「世上最優秀的教師，
是能夠列舉出最多失敗經驗之人。」

——猶太格言

第三章

捨去一切的覺悟
能為你開拓
一條全新之路

「From Dust to Dust——

人類自塵埃而來。不要執著於生前所得，

因為總有一天我們會回歸塵土。」

人生有其限度

二十年前的我相當熱愛美食，只要到國外出差，就一定會造訪知名餐廳。我從不吝於花費大把金錢與時間在美食、紅酒，以及奢華的用餐空間上，當時我認為這就是人生的樂趣。

但有一天，這種生活發生了極大的變化。我在五十歲左右生了一場重病，身心狀況的改變，讓我就連要繼續工作都相當辛苦。我在美國接受最先進的治療，聽取醫生建議改變了飲食習慣，終於拾回了健康。手術過後睜開眼睛，映入眼簾的是猶太執刀醫師戴在頭上的猶太教帽子「基帕」。生病過程相當艱辛，但我被基帕救了回來，這就是我初次與猶太教的相遇。我甚至認為，還好當時我生了那場病，因為這讓我與猶太教相遇，這也是所謂「最糟的狀況帶來了最好的結果」。

一直以來，我都一心一意地工作，陷入工作狂的狀態。再加上每天吃下肚的都是對身體不好的美食與美酒，當時我的身心靈應該早就發出痛苦悲鳴了。我的人生有一半的時間，不，應該說有三分之二的時間都是如此生活的。直到被絆了一跤後我才知道，原來自己的人生是有限度的。

思想的轉變為我帶來了轉機，透過直視自己內心深處，我開始想要變得更加謙虛，並將我有限的人生過得更加精采。當我看到「基帕」的時候，我感受到猶如電擊般的閃電光芒，因而引導我走向從以前就著迷不已的猶太教改宗之路。

其他宗教都是向神明祈求健康長壽，猶太教卻是神為了人類的健康，要求人類實踐戒律，「要不要遵守全看你自己」。也就是說，若你想因為暴飲暴食而失去性命，就隨你便吧。要做決定的是人類自己。於是，遵守紀律的猶太人就會按戒律所言，過著粗茶淡飯的生活，為了維持健康而努力。

豐衣足食便會忘記禮節

日本有一句諺語說「豐衣足食知禮節」，意思是人只要生活豐足，吃想吃的食物，穿想穿的衣服，住在好房子裡，自然而然就會了解「什麼事能做，什麼事不能做」，進而行得端、坐得正。這句諺語也暗示統治者最需要做的事，就是提升人民的生活水準。

但我不禁思考，事實真是如此嗎？猶太人的世界也是這樣嗎？如果太過貧窮，的確有可能偷走別人的糧食。但是現今的日本，每個人都過得很豐足，難道不會因此忘記禮節嗎？例如看到大家都有遊戲機，只有我沒有，因而到商店行竊，又或者看到除了自己之外，大家都過著富裕的生活，因而失去理智拿刀揮舞等，我不認為豐衣足食會對人類的幸福帶來什麼貢獻。

猶太人的教誨與日本人截然不同，他們認為「豐衣足食便會忘記禮節」，也就是人在有錢之後便會開始奢侈無度，忘記過去的艱辛，也忘記身為人的自覺。也因此，為了謹記過去那段在埃及為奴的歷史，猶太人在一年之中會進行多次斷食，「逾越節」時，他們會刻意吃不用酵母製作的麵包；「住棚節」時，也會在沒有屋頂的破舊小屋度過好幾天的時間。猶太人在逃離埃及的時候，除了身上的衣服，什麼東西都沒有帶。不僅沒有足夠的時間讓麵包膨脹，在逃難時更不可能有能遮風避雨的屋子住。他們每一年都會不斷提醒自己，刻意讓自己感受痛苦與貧窮，莫忘艱辛。

在猶太教最大的節日「贖罪日」當天，猶太人會全日禁食、禁止沐浴、化妝、開車和勞動。此外，也不能刷牙、漱口。虔敬的猶太教徒甚至連口水都不會吞一口。與日本的節日不同，猶太教的節日必須思考節日存在的意義，並以此行動。一週輪一次的「安息日」同樣也嚴禁所有的勞動行為。安息日當天，猶太人居住的地區，其交通運輸機關會停止營運，所有的店家也都會打烊，整個城鎮停止了運作。居民則會花一整天的時間祈禱，實際感受平常過多的慾望，並為此深刻反省。

我曾和一位身為孔子後代，同時在日本擔任評論家的孔健先生聊天。我問他如何看待「豐衣足食知禮節」這件事，他說：「中國人認為衣食無缺，會導致忘記事物的分寸和倫理，也會忘記禮節。所以孔子才會在儒家中反覆傳授『禮』的概念，強調教育和學習的重要性。」

「人會透過學習，脫離受本能支配的動物習性」，這一點跟猶太人的想法很相近。

猶太人認為，即便是在婚禮等如此幸福的場合，也必須讓新娘和新郎體驗到不幸。在我改宗猶太教之後，和同樣成為猶太教徒的太太舉辦了猶太式的婚禮，也就是說，我和我太太辦了兩次婚禮。第一次婚禮，是在日本的神道教神社舉行。第二次的猶太教婚禮，新郎與新娘在用同一個酒杯喝下紅酒之後，新郎要將那個酒杯踩碎。這個儀式是要警惕新人，人生中就是有可能遇到如碎裂的酒杯般，如此不幸之事。

神為了讓猶太人得以忍受人生中的苦難，刻意讓猶太人經歷可以忍受的艱辛。日本人常說：「一定要主動吃苦。」但這只是一種精神上的表現，並非真的以具體行動去實踐。但猶太人卻將吃苦視為是義務，每年都會多次身體力行。我認為，這就是猶太人之所以如此堅韌頑強的原因。

如何看待「善有惡報、惡有善報」？

對日本人來說，二〇一一年是充滿試煉的一年。除了自然災害之外，世界上也發生了許多突發性的事件。

親人突然罹患重病，或者遇到交通事故、在無差別恐怖攻擊中犧牲，甚至是沒有任何罪過的幼童被酒駕暴衝的車輛輾過……為什麼會發生如此悲慘的事呢？這些面對猶如噩夢般遭遇的受害者，應該會認為神或佛祖根本不存在吧。

芥川龍之介在《蜘蛛之絲》這部作品中提到，被打入地獄的壞人只是做了唯一一次小小的善行，釋迦牟尼便大發慈悲，垂下一根蜘蛛絲，將他拉回天堂。

那麼，這是否代表只要行善，你的善舉就會被神看到，並對你出手相救呢？並沒有這回事。即使一直都有累積善行的習慣，依舊有可能會被捲入悲慘的事故中。從未犯任何錯的嬰幼兒，也有可能突然死亡。相反的，許多透過骯髒手段賺錢、以自我為中心的惡人，完全沒有受到任何懲罰，過著悠然自得的生活，而且還相當長壽。世界上像這種不公平的事，可說是數也數不清，壞人不一定就會遭遇不幸。

每個人都會對這種「不幸之分布不均」的狀況有所困惑，各個宗教也都認真看待這個問題。佛教認為，好人之所以遭受不幸，是因為他前世的罪行導致的「因果報應」；天主教則認為，人類本就是罪孽深重的存在，每一個人生來都背負著「原罪」。

那麼，猶太教又是如何看待的呢？

他們的想法是，不必問神為什麼要這麼做。

之所以遭遇不幸或不走運，或許是神賦予給你的試煉，或者是讓你避免陷入更糟糕的事態，無論神這麼做的原因是什麼，猶太人都會正面思考。

因為與其思考如何避開災難或不幸，倒不如竭盡智慧跨過難關。不去想「為什麼只有我遇到這種事」，而是接納它們，理解它們就是人生的一部分，然後努力突破難關。

我經常說，如果有一顆大隕石即將襲擊地球，人類可能會因此滅亡，此時，基督教徒會向神祈求奇蹟，佛教徒會祈求來世再跟親友相見，而猶太人則會死命地閱讀科學書籍，找尋所有可能活下去的方法。如果找不到答案怎麼辦？那麼猶太人就會做好捨棄一切的覺悟。

人出自塵埃，回歸塵土

我與紐約州康乃爾大學醫學部的米切爾．蓋諾（Mitchell Gaynor）醫師有深交，蓋諾醫師是癌症治療與血液學的世界權威。他的癌症治療方式相當特別，不光只是身體，他也相當關心病人的內心健康。除了抗癌藥物之外，他更施行透過找回內心活力以提升身體免疫力的治療方式。

從前我曾經一邊讓蓋諾醫師治病，一邊向他詢問當時在全球接二連三爆發的經濟危機之看法。因為我相當困惑，在有家庭的情況下，該如何因應這個時代的變化。結束治療之後，蓋諾醫師這麼回答我。

「完爾，你不可以執著於那些『人在出生之後才獲得的事物』，因為一旦害怕失去，對抗疾病的免疫力就會承受最不好的壓力。你試著想想『人出自塵埃，回歸塵土』這句話，在你出生的時候，不是一無所有嗎？

人只要死去，便會回歸塵土，所以執著那些生前擁有的東西是毫無意義的。雖然我們必須努力活著，度過這一生，但是在面對那些無可奈何之事時，就應該不要執著，讓它過去。」

蓋諾醫師跟我說的這番話，出自於《希伯來聖經》，比起任何藥物都還要有效。至今我仍然記得當時找到答案的感動。蓋諾醫師給予我的不僅僅是克服世界經濟危機的方法，也對我的生活方式帶來了極大啟發。

「From Dust to Dust」（人出自塵埃，回歸塵土）這句話出自《希伯來聖經》的

《創世紀》。它告誡我們：努力生活固然重要，但在束手無策時，就必須要有捨棄生命之外一切事物的覺悟。人終究會回歸塵土，執著、做無謂的掙扎是毫無意義的。我並未向蓋諾醫師求證他是不是猶太人，但從他平時參與的社會活動，以及他所說的話來看，跟猶太教的教誨並無二致。

雖說如此，人類畢竟都有私慾，要達到上述境界其實是有相當難度的。通常處境越是困難，人就會越害怕失去，進而做出無謂的掙扎。

本書的第一、第二章主要在闡述金錢與商業相關的主題，接下來要跟各位分享的是，猶太人會如何面對及克服人生中各式各樣的苦難？而《塔木德》教誨中的思考模式與實踐方法又是什麼？

青年亞當斯的疑惑

從前有一位名為亞當斯的青年，他在學習猶太教教誨的時候，產生了一個無法解決的疑惑。

「為何神會賦予好人不幸，卻賦予壞人幸福？」

這就是亞當斯無法解決的疑惑。

有一天，先知以利亞來到亞當斯居住的城鎮。為了解決這個疑惑，亞當斯趕到以利亞的下榻處，拜託他一件事。

「我希望能跟被稱為賢者的您，一同追尋神是如何在這個世上創造奇蹟的。請問您是否願意帶我一同踏上旅程呢？」

聽到這番話，以利亞說道：「我知道了，你可以跟著我，但我有一個條件。那就是無論發生了什麼事，你都不能問『為什麼』。」亞當斯點點頭，便跟著以利亞一起踏上旅程。

第一天晚上，兩人住在某個村莊的一戶貧窮夫婦家裡，受到意想不到的款待。隔天早晨，當他們正要離開那戶人家時，那對夫婦唯一的財產——一頭乳牛突然死掉了。夫婦倆悲歎不已。

看到這個情況，亞當斯忍不住問道：「為什麼神會做這種事呢？」這時以利亞告誡他：「不是說不能問為什麼嗎，你再問一次的話，我就馬上從你面前離開。」

第二天晚上，兩人抵達了另一個城鎮，這裡住著一位欲望強烈的大富翁。當富翁看到兩人時，冷漠地對他們說道：「我可沒打算請你們吃飯，但我可以請你們喝一杯水。你們不能在我家住下來，但如果你們要睡在我家屋簷下的話，請自便。」於是，兩人便在富翁家門外的屋簷下，遮蔽雨露，瑟瑟發抖地度過了一個晚上。

隔天要啟程時，以利亞將富翁家庭院內被暴風被連根拔起的樹木恢復原狀。亞當斯覺得很不可思議，心想「為什麼以利亞要對如此冷淡的富翁這麼好」，但他硬是忍住了提問的衝動。

第三天晚上，兩人抵達了新的城鎮，在一間猶太會堂裡投宿。那裡有許多富有且欲望強烈的信徒，但信徒只給了兩人相當簡易的餐點。

隔天早上離開時，以利亞為他們祈禱：「祝福所有人。神必定會庇佑你們都成為了不起的領袖。」這時亞當斯故意自言自語地高聲說道：「我無法理解……」但他還是忍住了提問。

第四天傍晚，兩人住在一個貧窮村莊裡的猶太會堂中。雖然這裡的信徒相當貧困，但兩人卻受到豐盛的款待。隔天早上，以利亞為信徒們祈禱：「神必定會保佑你們之中的一人，讓他成為了不起的領導者。」

亞當斯在旁邊聽著，再也忍不住的問道：「為什麼無論是神或是您，都只善待富人，對窮人則相當冷漠呢？」

以利亞回頭說道：「既然你已經打破了跟我的約定，我會就此離開。但是，在我離開前，我要跟你說清楚。第一天在乳牛死掉的那戶人家，原本要離開人世的應該是那位婦人，神以乳牛代替了婦人的性命。第二天在富翁家，我之所以把庭園中的樹恢復原狀，是因為要避免讓貪婪的主人發現樹根下埋了五萬枚金幣。

第三天在猶太會堂，我之所以給予所有人祝福，是因為若人人都成為領袖的話，意見就無法整合，那間猶太會堂就無法繼續經營下去。

至於第四天的猶太會堂，我之所以祝福其中一個人成為領導者，是因為只需要一個領導者，就能讓那間猶太會堂的經營順利進行，村莊也會因此繁榮起來。

像這樣，若光從一個時間點所呈現的現象去看神的所作所為，當然會不明所以。請務必將此事放在心上。」

說完，以利亞便消失了。

從神的視角思考問題——世上有許多人類觀點無法企及的事

「如果是神，祂會怎麼想？」

讓亞當斯煩惱不已的疑惑，正是前文提及的「不幸之分布不均」，這也是人們對「神為何會如此不公平」的普遍疑問。猶太小孩從小就會聽母親說這個故事，在思考這類哲學性問題的過程中成長。

遇到困難，在感嘆自己的不幸遭遇之前，猶太人會思考「如果是神的話，祂會做出什麼樣的判斷呢」，當然，區區人類無法理解「神的想法」，神是一個「超越人類理解範圍的存在」。但是，只要不斷尋求這個存在，或許就能從「搞不好這是神打算賦予我的試煉」、「這件事或許還有其他解答」等這些想法中，找到不同角度的思考模式。

簡單的說，並非要和一百、一千、一萬人擁有相同的想法，而是要從截然不同的觀點切入思考。

亞當斯僅僅從眼睛所見到的事物表面，就向以利亞質問「為什麼神會做出這種事」，而以利亞則向亞當斯解釋，對於這種出自人類、單調死板的觀點，必須引以為戒，因為在許多無法解釋的事物背後，其實存在許多真相。

以利亞之所以要亞當斯「別提問」，是因為一件事存在著各種可能性，必須透過當事人自己去思考答案。

假設各位遇到一件相當悲傷的事，若把難過、痛苦的感受藏在心裡，肯定會覺得找不到任何出口。這時，猶太人會思考「神會怎麼看待這件事」，因為神是「超越人類理解範圍的存在」，如此一來，人就會變得更加深思熟慮，也能跳脫人類的情感，從另一個境界客觀看待事情。神完全就是「另一個境界」。

第二章「一場最糟，但也是最棒的災難」這個故事也是在說同樣的道理。從另一個角度來看就會發現，原來最糟糕的事情，其實是最好的結果。在我們漫長的一生中，像這樣的事就是會頻繁發生。我在五十歲的時候生了一場大病，這件糟糕的事卻帶我走向更加充實的人生。

凡事都有許多不同的面向，善與惡、幸福與不幸總是緊密伴隨、轉換形態降臨到每個人身上。以為是幸運，搞不好其實是失敗的原因。相反的，危機或許就是轉機的預兆。

跳出自我，從神超越人類極限的第三者視角觀察，就能不可思議的開始積極接受任何事。

近期的日本經濟失去活力，整個社會瀰漫著「前景一片黑暗，做什麼都無濟於事」的厭世氛圍。對喜歡配合他人的日本人來說，更容易受到同一個氛圍感染。相對的，鮮少有猶太人會認為「反正無論做什麼，結果都不會改變」而隨意看待人生。猶太人反倒會更重視現在的生命，為了讓生命活得有價值而努力奮鬥，這種心態讓他們能夠從不同的觀點思考。「以色列」（Yisra'el）這個詞語，其實就含有「奮門」之意。

為什麼神要引發大地震呢？祂是不是要警告人類，必須做好應對這類災難的準備呢？像這樣的思考模式便是出自於神的視角。再次提醒，神是一個有別於普通人類的存在，這並非常識，而是超越非常識之外的常識；這並非輿論，而是超越輿論的最高境界。

在這裡，我要向各位介紹我在學習猶太教的過程中，一位名為亨利・諾亞的拉比向我提出的問題。各位會如何判斷以下這個問題呢？

這是誰的錯？

有一位一向都很認真讀書的大學生，剛好路過一戶門沒上鎖、微微開啟的人家。他的腦中一時興起惡念，進門偷竊。這位學生被警察逮捕後，由於「一時興起惡念」這個辯解在法庭上說不通，他因此被判有罪，也被學校退學了。後來因為找不到工作，他開始自暴自棄，最終真的走上偷竊這條歪路。

累犯者一旦被抓，坐牢的時間也會拉長，他的人生因此得不斷地進出監獄。而他所犯下的罪行，也讓許多人遭受財物上的損失。回想起來，如果當初那戶人家的門有上鎖，這位大學生或許就不會誤入歧途，而是走在正軌之上。

請問，這究竟是誰的錯呢？

解讀資訊之前要先懷疑資訊——停止思考會做出錯誤判斷

從神的角度看待事物

從一般的常識來看，犯罪者是大學生。而從法律的觀點來看，「沒有將門上鎖的人」是沒有犯任何罪的被害者。但是，提出這個問題的拉比卻問我：「如果是從神的角度來看呢？」

「沒有將門上鎖的人」不僅完全改變了大學生的人生，後來又衍伸出許多受害者，每當發生新的竊案，就造成警察局、法庭、監獄的麻煩，這樣說來，「沒有將門上鎖的人」是否才是讓社會背負極大成本的問題製造者呢？

對於拉比的提問，我深深感到認同。不能只是顧著責備犯罪者，或許有其他原因才導致犯罪者出現，可能是善良之人一時不小心、不知不覺造成憾事發生的也說不定。

二〇一二年一月，義大利有一艘豪華郵輪發生觸礁事故，船長因為拋下乘客自己逃走而受到全球媒體的譴責。「乘客未能及時逃出、不幸犧牲，都是因為船長沒盡到責任」，船長被輿論如此指控。

身為猶太教徒的我，並不會馬上認同輿論的風向，這反而令我思考「事實真的是如此嗎」。

據說那艘郵輪之所以觸礁，是因為船長為了表演而刻意靠近陸地導致，這個資訊是否正確呢？難道不是郵輪公司的老闆下令要接近陸地來取悅乘客嗎？雖說船長最先逃離，但那時究竟還有多少名乘客還留在船上？如果船長留到最後一刻，是否就能避免出現死傷者呢？又或者是有乘客無視船長的避難命令呢？即便如此，這依然算是放棄職務，或是業務上的過失致死嗎？或許船長的確違反了倫理規定，但在法律上是否有可能獲判無罪呢？

雖然號稱是豪華郵輪，但是當載有四千名乘客的郵輪傾斜時，救生艇是否還能正常運作呢？若有一半的救生艇無法運作的話，郵輪的所屬公司是否也會被追究責任呢？

如果能不受媒體風向左右，冷靜看待一件事的話，就連人類也能看出上述眾多的觀點。當然，若是神的話，肯定能有更多不同的看法。事實上，有些人確實認為，在船身傾斜時，救生艇早已完全失去作用。但因為有人犧牲，全世界的輿論都擅自判定一定是船長的錯，這時對於「預防類似事故再次發生」的思考就會全數停止，不會想到「有必要開發當船身傾斜時依然能使用的救命裝置」這件事。**一大群人同時停止思考是最恐怖的事**，因為同樣的事會再次重蹈覆轍。猶太人所受到的差別待遇和迫害，也正是這麼開始的。

當世界朝著戰爭或獨裁者引起的大屠殺等錯誤方向前進時，往往都是人類停止思考的時候。其實，從我身為猶太教徒的角度看來，最容易停止思考的人，就是日本人。就像日本核能的「安全神話」，明明只是人類停止動腦思考，卻使用「神」

這個字來呈現，這也顯露出人類不懂「神」的愚蠢。此外，權力者也會煽動民眾停止思考，不動腦思考的人很容易就會陷入政治宣傳的陷阱，等到發現真相時已經無法回頭了。一個由「不動腦群眾」所組成的國家，其領導人稱為獨裁者，但錯的並非是獨裁者，而是「停止動腦的群眾」。

從拉比身上，我學到從多個面向思考一件事的方式，這對我的律師工作大有助益，也養成了我在有了自己的想法之後，習慣從不同的角度思考「是否還有其他的想法」。如此一來，無論在工作或人際關係方面，皆能從各個觀點進行深層分析，想法也能為之正面了起來。

諾亞方舟的真相

當憤怒的神在陸地引發大洪水時，只有一對男女，以及雌雄各一的動物搭上諾亞方舟。

最後，「善」來到方舟前，它也想登船。但神拒絕了它，因為只有成雙成對的伴侶才能上船。

於是，「善」又帶來了另一個「善」，神搖搖頭說：「善與善並不是伴侶！」

無計可施的「善」，最後只得牽著它最討厭的「惡」來到方舟前。「這樣就可以了！」神點點頭，允許善與惡一起上船。

善與惡是一體兩面——善、惡永遠不會放開彼此的手

善人的臉與惡人的臉

「諾亞方舟」只允許伴侶上船，因此善與惡、苦與樂、藥與毒、福與禍、貧與富等，皆是成雙成對的前來，也因此世界上凡事都有正反兩面。特別是善與惡、苦與樂、福與禍、貧與富都是密切相關，不會分開存在，也就是說，兩個互相矛盾的存在反倒會伴隨彼此。

這個出自《希伯來聖經》的寓言故事，其實相當有意思。

不論善人或惡人，只要單獨前來，就不會被接納，唯有成雙成對者才能登上方舟。這個猶太教的教誨，告誡我們的是：善與惡呈現的可能是相同的表情——惡魔

可能會偽裝成善人，而善人也可能擁有一張惡魔的臉。一般人並不知道這個區別，他們只會看到顯現在臉上的善惡。

不熟悉《希伯來聖經》的日本人不理解這個教誨，因此想必在國際經濟、會議和政治方面吃了很大的虧。

舉例來說，假設美國要為某件事設定標準，並將這個標準視為是出自美國的國際標準，強制其他國家遵循。像是洗錢、銀行或國際銀行、證券交易法規範或會計準則等皆是如此。

但是，這些所謂的「國際標準」皆是美國呈現善人模式時的言論，而日本人卻不明所以的照單全收，對美國具有惡魔的那一面渾然不知。

那麼，究竟是何種惡魔隱藏在美國背後呢？美國在強制他國參與規則的同時，其實背地裡早已準備好脫身之道，而且還是僅針對部分自國人士。舉例來說，美國有一種完全自由的銀行，除了不用核對身分之外，也不需要其他的認證，而對此受惠的只有極少數的人。私募股權或避險基金也是類似的概念，會計準則或揭露事實等則是幾乎不適用於此。

這就是現實情況，而美國正是善加運用這條藏身之路，確確實實地掌控了全世界。

無論英國、俄羅斯和中國都相當善於巧妙操控善人與惡人這兩個面向。在國際會議上的發言，通常是出自完全的善人。世界各國的領導人在這類場合發言之際，尤其是歐美領導人的發言皆是出自善人的立場，而或許是日本人的天性使然，對此都會照單全收。這麼做並不符合《希伯來聖經》的教誨。

了解善人同時具備惡人的面向，而惡的發言會出現在惡人聚集的不同場合，這才是《希伯來聖經》的教誨——**善與惡從未放開握住彼此的手，它們往往是一同攜手合作。**

猶太人被逼急時的奇計

中世紀的歐洲，受到歧視的猶太人被領主刁難、冠上莫須有的罪名予以處刑，這種情況屢見不鮮。

某個猶太人就這樣被逮捕了，身兼法官的領主告訴他：「聽說猶太的神，對你們來說極其偉大。那麼，這裡有兩個信封，其中一個信封裡放著『無罪釋放』的字條，而另一個信封的字條則寫著『死刑』。我想看看你信仰的神，能不能為你創造奇蹟。你選一個信封吧，我會依照字條上的內容來執行。」

被逼到絕境的猶太人絞盡腦汁地想著，「無論如何，我都要活下來！這個領主肯定在兩個信封裡都放了『死刑』的字條。如果是這樣……」

猶太人如此判斷著，於是他採取了一個令人意想不到的行動。他拿起其中一個信封，將之揉成一團後一口氣塞進嘴裡吞下，然後向領主說道：「領主大人，我吞下去的這封信，內容應該會跟另一封信相反，如果剩下來的這個信封裡寫的是『死刑』，那麼我就是被冤枉的。請領主大人大聲唸出這個信封的內容吧！」

正如這個猶太人的判斷，那兩個信封內的字條，都寫著「死刑」，他因此成功存活了下來。

只有神能夠剝奪性命——無論如何都要想辦法活下去

猶太人的字典裡沒有毀滅的美學

日本人把果斷放棄視為一種美德，他們最喜歡櫻花綻放後旋即凋謝，詠嘆落櫻之美，可稱為是「不執著」的民族。

第二章曾提到日本居高不下的自殺率，日本人與猶太人對於死亡這件事，有著截然不同的想法。猶太人認為，生命是神所賜予之物，唯有神才能奪走生命。

現今社會，拿刀傷害自己、心理生病的年輕人時有所聞，彷彿只有透過自殘，才能感受到活著的感覺。但在猶太教中，這種傷害自己身體的行為是被嚴格禁止的。猶太教正統派（Orthodox Judaism）的信徒甚至不會刮鬍子，因為使用刮鬍刀會傷害皮膚，更別說自殺這種被視為反抗神的事。

猶太人如果也跟日本人一樣，信奉「毀滅的美學」，那麼在不斷受到迫害的歷史進程中，猶太人肯定早已滅絕了。但是，猶太民族卻在納粹屠殺了六百萬名同胞之後，依然沒有被消滅。

猶太人絕對不會放棄自己的生命，乃至於不會放棄任何事物，不論處於何種逆境中，他們依舊會持續尋找能起死回生的機會。即便陷入如上述寓言中走投無路的情況，他們也不會放棄絞盡腦汁、賭上能活下去的機會。

士兵與護照

在北非的衣索比亞住著一位猶太人。一九八〇年代末期，衣索比亞的軍政府持續將國內的猶太人逮捕入獄，雖然並未殺害他們，但卻也沒有給他們食物。這些猶太人就這樣瀕臨餓死的邊緣。

在被抓的猶太人之中有一位拉比，他把握到一個空檔逃了出去。他先是躲在一戶農家的小屋，等到天色暗下來，才起身朝邊界逃跑。每天太陽升起前，他就找地方躲起來，深夜時則是在沒有燈光的道路上趕路，就這樣持續逃了好幾天。終於，離他逃跑的收容所有一段距離了，他打算搭乘一輛開往邊界方向的巴士，換取時間和距離。

但沒想到，巴士在中途的檢查站停了下來，兩名手拿機關槍的士兵上了車，大聲怒吼道：「所有人把護照或身分證拿出來，雙手舉高！」

這位拉比在逃跑時什麼都沒帶，當然也沒有護照或身分證。他剛好坐在巴士的最後面，距離士兵過來還有幾分鐘的時間。他在這短暫的時間裡絞盡腦汁，然後立刻採取了行動。

他站起身來，假意要幫座位四周的乘客收集護照，在收了大約十五個人的護照後，他對走道上的士兵說道：「我把包含我在內，坐在後方乘客的護照拿來了。您工作辛苦了！」

面對這突如其來的舉動，士兵可能覺得剛好遇到極其配合的民眾，於是約略瞄了那些護照幾眼後就直接還給了拉比，說了聲「好了，走吧」，然後便下了巴士。

據說，當時這位拉比害怕得心臟幾乎要停止了。最終，他平安的越過邊境，從地中海搭船抵達以色列，結束長達一個月的逃亡之旅。

永不放棄——竭力思考、力求起死回生

用猶太式笑話來面對逆境

「士兵與護照」的故事，是我從那位拉比口中聽到的真實經歷。有趣的是，這個故事和「猶太人被逼急時的奇計」一樣，都是千鈞一髮，卻又充滿幽默，就像是日本的一休和尚，運用智慧令對方啞口無言的機靈故事。猶太人最大的特徵就是永不放棄，為了達成目的，他們會不擇手段的堅持到底，同時也會用幽默的口吻接納自己的不幸，隨機應變，巧妙地閃躲對方的攻擊。

從這裡也可以看出，猶太人相當喜歡講笑話，例如：「你知道為什麼猶太人有大鼻子嗎？因為空氣是免費的。」

這是一個諷刺猶太人「賺錢至上主義」的知名笑話，而且這個笑話還是猶太人自己發明的。猶太人很明白，所謂的「賺錢至上主義」根本不存在，但正是因為周遭的人都是這樣看待自己，於是猶太人反過來利用這個歧視，主動發動攻擊。

也就是說，將自己視為笑話，打斷並封印對方的話題，這就是猶太式笑話的智慧。

這裡我稍微離題，向不擅長講笑話的日本人推薦一則笑話。

如果有兩個男人和一個女人漂流到一座無人島上，會發生什麼事呢？

法國人的情況是，較年長的那個男人會娶女人為妻，較年輕的那個男人則會成為女人的戀人。

義大利人的情況是，兩個男人會為了女人賭上性命決鬥。

英國人的情況是，首先，兩個男人會自我介紹，說明從祖先到目前的家族狀況，還有自己的經歷。女人則會因為過於無趣而開始打瞌睡。

至於日本人的情況是，兩個男人會一起分工，尋找這座島嶼的某處或許有從東京發來的傳真。而女人則會被丟包在某處。

猶太式笑話是過去受到虐待、歧視或是被迫害的猶太人，藉由揶揄權力者、對自己的遭遇一笑置之，才發展至今的。在自己快被要逆境吞噬時，他們也會藉由笑話來振奮人心。

猶太人之所以能說出這類先發制人的笑話，也是因為他們具備能以第三方角度（神之眼）來冷靜地看待事物的能力。

以這個觀點來說，你可以在《塔木德》的寓言故事中，發現許多令人會心一笑的幽默。就連小孩也會因此著迷，在聽故事的過程中，猶太思維自然而然的就會滲透到全身。

小魚與水

神試著告訴小魚猶太教的重要性，但小魚卻覺得「眼睛看不見的事物沒有任何價值」，因而興致缺缺。這個時候，神突然把小魚周遭的水抽乾了，小魚痛苦的擺動身體，魚鱗也因為缺水而乾涸，難熬至極。隨後，神讓小魚回歸水中，充分浸潤在恩惠之水中。小魚對神說道：「我終於理解了，如果沒有眼睛看不見之物的存在，我是活不下去的。」當了解水的重要性之後，小魚就不再有想離開水的念頭了。

某天，一隻狐狸來到水邊，嘲笑在水裡游來游去的小魚。

「魚兒，魚兒！你為什麼要為了不被沖走而竭力在這狹小的河裡轉來轉去呢？你可以上來陸地看看啊，這裡有很多食物，跟水裡比起來，有很多好玩的地方呢。」

小魚對狐狸說道：「怎麼可能，我們只能生活在水裡啊！」

肉眼看不見的事物才是最重要的——不要拘泥於可見之物

水是無形的，卻是能延續生命之物

故事中的小魚可視為是猶太人，而水，則是猶太教。雖然我在日本出生，但我研讀猶太教的教義，並通過嚴格的審核成為猶太教徒。也就是說，我選擇捨棄充滿誘惑的陸地世界，化身成小魚，義無反顧地跳進水裡。

這跟朝水裡窺視的狐狸一樣，若從日本人的角度來看猶太人，就會覺得這群人過著以戒律為中心，是捨棄人生樂趣的奇特之人。

生性認真的猶太人在工作上會全力以赴。除了工作，他們也必須學習宗教活動的事。每天，甚至是每個星期日也必須為了早、中、晚三次的祈禱前往猶太會堂，從星期五傍晚開始，他們則會前往猶太會堂為安息日祈禱、與教徒聚餐，而星期六也必須在早上到中午過後前往猶太會堂。

猶太教徒必須隨時配戴名為「基帕」的帽子（可分成直接放在頭上，或是以絲綢製作的各種類型），每天早晨的祈禱，更是規定大家要把「經文護符匣」（Tefillin）穿戴在頭上及纏繞在左手的手腕。

此外，飲食的限制也相當嚴格，猶太人只能食用依據Kashrut這個飲食規範下的「猶太潔食」。若是在日本，就只能吃蔬菜、穀物、豆子和水果。他們不外食，不和不同宗教的日本人坐在一起吃飯，也絕對不會去打高爾夫球、看電影、看棒球，因為沒有那個時間。也因此，他們幾乎不太花錢。

雖說如此，在職場上難免會遇到不得不參加的聚餐或宴會，這時猶太人多會選擇食用素食，若沒有這個選項，那麼他們就只會喝水。

當然，並不是所有猶太人都這麼嚴格遵守戒律，也有較為隨意自由的猶太人，在美國更是有許多完全不遵守紀律的猶太人。我身為猶太教正統派中的極端正統派（Haredi Judaism）教徒，確實也實踐了如此嚴格的規定。

我在成為猶太人之後才深刻體會到，自己過去對許多重要的事視而不見（只用眼睛看，而非用心領會）。其實人類就如同寓言中的小魚，陸地的人類通常只會關注眼睛看得見的東西，例如存摺上的數字、手中股票的漲跌、幣值的高低、可以讓生活更舒適的家電產品，或是哪裡的餐廳好吃等。但若只顧著追求眼睛可見之物，就會忘記我們周遭除了這些東西之外，還有更多眼睛看不見的寶貴事物。一旦我們失去這些看不見的寶貴事物，例如宗教、人與人之間的羈絆、夫妻、家人和同胞之間的情感，就會像離開水的魚，無法存活下去。

猶太教之所以用嚴格的戒律來束縛信徒，為的是讓信徒能在日常生活中意識到這些不可見之物，並好好珍惜它們。

猶太人所珍惜的「不可見之物」不只一項，包括最重要的藝術、學問和音樂等，稍後我會再進一步說明。

把「戒律」視為千載難逢的好機會

過去我對宗教活動完全沒有興趣，認為那是「毫無意義的迷信」。但在底層邏輯改變之後，我反而認為「不遵守戒律的生活才是大錯特錯」。

《聖經》的某個章節寫道：「為了不忘記我，各位猶太人必須學會忍耐。」這裡的「我」，指的就是「神」。

現今的日本人究竟過著什麼樣的日子呢？或許受電視廣告影響，過著盡情地做、盡情地吃等每天忙著消費的日子。我從「水裡」觀望，覺得他們失去了某種重要的事物。

世界各地近期都陷入了經濟危機，將來也會有更多的人被迫「忍耐」。日本也不例外。但對於這種向後退縮的時代潮流，我認為在某種層面上並非完全是壞事，不景氣時代所帶來的「忍耐」，也是為了讓我們回憶起重要事物的「良好機會」。

即便你無法做到與極端正統派猶太教徒同樣的地步，你依然可以嘗試過著有節制的生活、控制消費、享受與家人的閒聊或討論、把花在酒吧或高爾夫交際的時間，用來讀書或學習，如此必定能夠找回那些你早已忘卻的充實時光。

我的每一位日本友人都異口同聲地表示：「你真是個怪人，再怎麼嚴以律己也總有個限度！」而瞧不起我，但我知道他們就像是前述寓言中嘲笑小魚的狐狸，我不需要去反駁他們。

改變行為，內心就會產生變化，整個人也會隨之改變，進而出現新的行為模式，最後形成良好的循環。正因為如此，猶太教才會透過遵守戒律來採取行動。

嗜吃美食是死罪

猶太人在摩西的帶領之下逃出埃及，他們原本要前往約定的應許之地迦南過上好日子，但卻在沙漠中徘徊長達四十年的時間，為此吃盡了苦頭。由於生活實在是太苦了，他們開始向神抱怨。

「神啊，請放過我們吧！我們已經在沙漠徘徊了四十年，雖然在這段期間，神有賜給我們水與食物，但我們一直都是吃著瑪納（Manna）[1]這種一成不變的東西。神啊，我想吃肉，也想吃魚，我想吃美味的食物，我想喝紅酒，我想吃柔軟的

1 瑪納是《聖經》中記載的一種神奇食物。當猶太人從埃及逃離、在沙漠中流浪時，上帝會在每天早晨降下瑪納，讓他們收集來作為食物。

麵包。神啊，懇求您幫幫我們吧！」

帶領猶太人的摩西聽到這些話，不禁臉色發青，心想：「這些猶太人說得太超過了，神會發怒的，這群傻子！」但為時已晚，聽到這些抱怨的神，憤怒之火傾洩而出。

「這群猶太人在說什麼！難道是在抱怨飲食嗎？想吃奢侈的美食，開什麼玩笑！」

神說完，便朝他們丟下好幾條毒蛇，那些抱怨想吃美食的猶太人，當場失去性命。

看到這個景象，存活下來的猶太人跑去懇求摩西。

「天啊，我們錯了。很抱歉我們挑剔了飲食。明明能逃離埃及，我們就已經非常感恩了，但我們卻在抱怨每餐都吃一樣的食物，我們真是犯下滔天大罪。摩西先知，請您務必要救救我們！」

於是摩西請示了神，神回答他說：「我知道了。」

神於是對摩西和猶太人下了指令：「你們用銅做出毒蛇的形狀，讓被毒蛇咬到的人面向銅蛇，他們便能存活。但是，為了讓大家仰望，銅蛇必須放在高柱的頂端。」

猶太教的飲食戒律——追求美食者會忘記神的存在

人生的目的是什麼？

這個寓言故事，是我意譯自《希伯來聖經》其中一節的內容。

我在前一則「小魚與水」的寓言中曾提到，猶太教是一個對飲食相當嚴格的宗教。雖然印度教或伊斯蘭教也很嚴格，但我認為猶太教的飲食戒律應該是所有宗教中最嚴格的，甚至說它是以飲食戒律為中心的宗教也不為過。

其嚴格程度，就如同這個寓言中所描述，逃離埃及後在沙漠徘徊四十年的猶太人，被迫三餐只能吃「瑪納」這種食物，只因為抱怨了一下，就被神用毒蛇給殺死了。

為了讓這些抱怨的猶太人知道神的存在，神還特地要他們製作一個禁止推崇的偶像（銅蛇）放在高柱的頂端，命令他們要「仰望」而非「祈禱」。這代表「仰望上方，神就在另一端」，讓猶太人再次認知到神的存在。

「若限制飲食到這種程度，人生到底還有什麼樂趣呢？石角先生，在你即將離世的時候，肯定會因為沒吃到天婦羅丼飯而後悔吧！」

我彷彿聽到讀者的心聲，但我一點也不後悔，因為我知道，人並不是為了美食而生，即便每天都吃一樣的食物，也完全不會感到痛苦。我從《希伯來聖經》中深刻了解到遵守戒律的重要性。高更（Paul Gauguin）有一幅畫呈現了「我們人類究竟從哪裡來，又要往哪去」，人生若無法思考像這樣深奧的問題，才是我的懊悔。

在我居住的瑞典猶太會堂，我的一位友人因為白血病接受換血與抗癌藥物的治療，即便他走路搖搖晃晃、需要妻子攙扶，他卻依舊固定前來做禮拜。我問他：

「你還好嗎？」

「到猶太會堂祈禱、學習《妥拉》，這就是我人生的目的。」他是這麼回答我的。

「Eat poorly, Think richly」的人，就會擁有如此強大的內心。

發現天堂的男子

從前某座村莊，住著一位經營麵粉鋪的男人，他與妻子和兩個孩子生活在一起，他日復一日的工作，每天全身都沾滿了麵粉。

男人開始對這種一成不變的日子感到厭煩，心中不禁思考，「有沒有生活更有趣的天堂呢？」

某天，他在跟顧客聊天時，得知異國有一個傳說，「踏上旅途，晚上睡覺時把鞋子放在枕邊，隔天早上朝鞋子指向的那方走去，就能抵達天堂」，男人於是對這個傳說深信不疑。

「不如我也來找找看那個天堂吧！」男人起心動念後，便拋下妻兒，啟程上路。當天晚上，他依照傳說的指示，脫下鞋子輕輕地放在睡袋的枕頭旁邊。

隔天起床後，鞋子似乎被小動物和風移動了，男人便朝著鞋子所指的方向繼續走下去。過了幾十天後，他終於抵達了一座村莊。

以天堂來說，這看起來是一座相當寒酸的村莊。男人進到村莊後，熟悉的景物和聲音迎面而來，那是他曾經聽過，女人和小孩的聲音。

男人看見了一間麵粉鋪，一進門，他看見裡頭住著一對母子，模樣長得跟他拋下的妻兒一模一樣。那對母子看到男人後，連忙溫暖地接待他，說道：「你終於回來了！」

男人確認似地說道：「沒錯，這裡一定就是天堂！」

雖然男人對自己拋下的妻兒感到愧疚，但他下定決心，要在這個自己找到的天堂度過一生。

於是，男人又跟從前一樣，日復一日的努力工作到全身都是麵粉，平靜地度過每一天。

幸福就在習以為常的當下──珍惜「有你之處」

檢視現在的自己

這個寓言故事的涵義跟「水與小魚」異曲同工。

懶得工作、看不見「真正重要之物」的男人，為了尋找幸福而踏上旅途。走著走著，好不容易找到的天堂，居然是他熟悉的家，裡頭還住著跟自己的妻小極為相似的母子。雖然他認為自己找到了新的天堂，但其實這很明顯就是男人原先居住的家。然而，這個故事並不是想表達男人的愚蠢，而是要強調「真正寶貴之物其實就在你的身旁」。

許多宗教都會將天堂的景象描繪的相當美麗，每一個住在天堂的人都笑得相當幸福。佛教認為，人成佛之後會前往極樂淨土，但猶太教則認為，真正的天堂並非是死後的世界，或是在其他地方，而是在各位現在所在之處。這個寓言故事就是在開導人們，「要珍惜現在的生活，以及你所在之處」。

如同這個寓言所述，猶太教也是一個肯定現實世界的宗教，所以猶太教才會留下龐大、為了讓人們過上更好生活的實踐智慧。這些智慧的來源，就是「如何將你現在的人生，過得更有意義」的 Wisdom。

工作很辛苦、令人提不起勁的人際關係、與上司或同事之間的摩擦、家庭不和睦等等，如果每天都充滿這些壓力，當然會令人想逃到別的地方。不過，如果你無法解決你現在所在之處的問題，我不認為到了其他地方你就能輕易解決同樣的問題，而這跟前文所說的「果斷前進」完全不同。

在你感到有所不滿、想要逃離之前，不妨試著用其他觀點檢視目前的自己，以及你的所在之處。

猶太格言說：

「世界上有八種東西，只要超過限度就會成為毒藥，分別是旅行、戀愛、財富、工作、酒、睡眠、藥物和香料。」

「人類有六種能派上用場的東西。其中三種無法控制，但另外三種可以靠你自己的力量控制，前三者為眼睛、耳朵、鼻子；後三者則是嘴巴、手和腳。」

也就是說，遠離或站出來面對「眼睛看得見的東西」、「耳朵聽得見的東西」（例如網路上的毀謗言論、朋友的壞話、上司的責罵聲等），是由自己能控制的嘴巴和手腳來決定的。

而與八種誘惑保持距離，試著透過不同的思維模式採取行動，就能看見你忽略至今、那個特別的世界。

來自希伯來王的忠告

某個村莊住著一位每天都在抱怨自己不幸遭遇的男人，他是這麼說的：

「我家又窄又小，我有四個小孩，老婆又很胖，我每天只能站著睡覺。這不是很糟糕嗎？世界上沒有任何人比住在這狹小房子的我還要不幸。」

希伯來王聽到男人的牢騷後，命令他：「在你狹小的家中，飼養十隻公雞。」

男人不情願地遵循國王的命令，他不滿的說：「光是我老婆跟小孩就已經讓我沒有立足之地了，現在又要飼養十隻公雞，您是叫我渾身沾滿雞糞睡覺嗎？比起從前，我又更加不幸了。」

聽到男人的話，希伯來王又下達一道命令：「那麼，除了十隻公雞，你再養十隻羊吧！」

男人不得已只能照辦，但他又四處向其他人抱怨，「托國王的福，我變成世界上最不幸的人了！」

過了不久，國王終於變更了先前的命令說：「現在你可以把十隻公雞和十隻羊養在屋外了。」。

隔天，男人拿著許多謝禮趕到國王面前說道：「我非常幸福。現在我家容納得下我的老婆與四個小孩，我過著非常寬闊舒服的生活，非常感謝您！」

幸福與幸福感不同——看清「幸福」的價值

探索「國民幸福指數」的真義

前面這個寓言故事跟「找到天堂的男人」相同，都是在告誡人類要珍惜眼前的生活。這個猶太教誨經常會透過不同的寓言傳遞給每一個人。但有時即便想通了某個寓言，要深刻體會箇中真理，仍然需要一點時間。

此外，一個人在遇到困難，或是心生不滿時，情緒會隨之高漲，思考能力也會減弱。因此，《塔木德》的教誨會設想多種情境來闡述同樣的天意，為的就是要避免人類迷失方向。

日本龍安寺境內的蓄水缽上，寫了一句禪宗的成語「吾唯足知」[2]，人們很難從這短短四個字中，理解其涵義。如果不是特地用孩童也能理解、淺顯易懂又有趣的故事，就無法將之運用在家庭教育上。《塔木德》的解說內容之所以如此龐大，是因為人類猶豫或煩惱的事情，就是如此眾多。

在這個寓言中出現的希伯來王，「希伯來」一詞源自「彼端之人」、「從別的角度觀察的人」。《希伯來聖經》所教導的，是要確實掌握人類的本質，為了達到這個目標，就必須進行從不同角度看待事物的訓練。

猶太人認為，「不幸」和「不幸感」，以及「幸福」和「幸福感」是兩件不同的事。寓言中希伯來王與心懷不滿的男人之間的互動，就是簡單明瞭的比喻。希伯來王讓男人在同一間房子中體驗到更多不滿，進而領悟到「原本的生活有多麼舒適」。

也就是說，從別的角度來看「幸福」這件事，也有可能是充滿「不幸感」的，而「不幸之事」從其他角度來看，也有可能是充滿「幸福感」的。對於無法擁有而心生不滿、渴望得到自己沒有之物的人，是無法察覺自己當下擁有的幸福的。

我總覺得，越是富裕者越容易感到不滿且無法感受幸福感。有資料顯示，日本雖然是富裕國家，但在先進國家中「幸福感的感受度」卻較低，也就是說，有很高比例的日本人認為「自己並不幸福」，其中，認為自己不幸的人又以年輕人居多，尤其是二十歲以下的族群，相較於其他國家更是格外突出。像是小學生自殺的事件，對猶太教或伊斯蘭教國家而言是絕對不可能發生的事，再怎麼想，這都是大人的責任。

「電視」要負的責任尤其巨大。大家經常會在電視上看到許多「不管買不買都無所謂」的新商品影片。彷彿說著「不買就跟不上時代潮流」的影片不斷轟炸觀眾。這會發生什麼情況呢？

2 「吾唯足知」旨在提醒人們，不要被物質欲望所驅使，應該要從心中找到真正的滿足感，達到內心的平和。這是禪宗追求的智慧與境界。

這會讓孩童們認定「電視中的影像就等於幸福的基準」，如果現實生活跟他們所看到的影像不同，他們就會感受到不幸、不滿意——拿電視影像跟自己的生活比較，如果有所不同，就會覺得自己的生活低於平均。一直看電視的人，就不會思考自己的「性格特色」（Who I am），而是只顧著在意「我沒有什麼」，深信只要無法成為跟電視上一樣的人，就會被社會所拋棄。

我們極端正統派猶太教徒不看電視，過著以《希伯來聖經》為主的生活，即便如此，我們完全不會覺得自己很悲慘。

二〇一一年，不丹國王夫婦訪問日本一事蔚為話題，據說不丹的「GNH國民幸福指數」（Gross National Happiness）是全球第一。在不丹，即便多數家庭皆使用一顆裸露在外的燈泡、過著相當貧困的生活，卻依然有九成的國民覺得「自己很幸福」。這或許也跟他們沒有愚蠢的電視節目等原因有極大的關係吧。

不丹的旺楚克（Wangchuck）國王所提倡的「國民幸福指數」，並非只是一句單純的口號。國王想傳遞的訊息是：**即便生活貧窮，但只要內心豐足，就必定能實**

現一個可以感受到幸福感的社會。而這個訊息也確實傳達給不丹的國民了。

「接下來不是GNP，而是GNH的時代了」，這是旺楚克國王的父親，也是前任國王所提倡的概念。這個概念由兒子繼承、確實傳遞其本質是相當美妙的事。GNP（國民生產毛額）中的P，是Product（產品）的意思，換句話說，指的就是「眼睛可見之物」（也就是那些你會從電視上看到的東西），而這與「不可見」的Happiness（幸福）完全不同。

為什麼現在的日本，沒有人主動提倡「Gross National Happiness」呢？若持續這樣下去，我相當擔心日本孩童的未來。

鳥媽媽與三隻雛鳥

有一個鳥巢正面臨被捲入一場大風暴的危機，若再不想辦法的話，鳥巢及裡頭的三隻雛鳥都會一起墜地。於是，鳥媽媽打算越過大海，把雛鳥送到對岸避難。

由於鳥媽媽無法在狂風大雨中一次接走三隻雛鳥，所以牠打算一隻一隻運送。

鳥媽媽帶著第一隻雛鳥離開鳥巢。在越過大海的途中，牠問雛鳥說：「孩子啊，媽媽冒著生命危險救你，那你要做什麼來回報我呢？」

「媽媽，我們還沒有脫離危險，我現在沒辦法思考這種事。總之，請先把我送到安全的地方吧！」

聽到這個回答，鳥媽媽立刻將雛鳥丟下大海。

返回鳥巢的鳥媽媽又帶著第二隻雛鳥在風雨中啟程。途中，鳥媽媽又問了同樣的問題，而第二隻雛鳥回答說：「媽媽，請先把我送到安全的地方，以後我每天都會帶著食物來報答您。」

聽到這個回答，鳥媽媽又把第二隻雛鳥丟下了大海。

再次回到鳥巢的鳥媽媽，帶著最後一隻雛鳥起飛前往安全的對岸。在風雨交加的大海上方飛行時，鳥媽媽又問了相同的問題。

而第三隻雛鳥回答說：「媽媽，您為我做的一切，未來我也會對我的孩子這麼做。」

聽到這個回答，鳥媽媽帶著這隻雛鳥平安的飛抵對岸。

所謂的教育，是「教導如何實施教育」

——猶太式教育的真義

率先實施義務教育的猶太人

日本人在閱讀這篇寓言故事時，或許會覺得有些殘酷，認為鳥媽媽的行為實在過於嚴格。就連第一次聽到這個故事的猶太小孩，應該也會覺得很害怕。

猶太人把教育（父母把猶太教的教誨傳承給孩子）視為是最重要的事。正是因為這個寓言故事相當重要，猶太人才希望孩子能把這個故事的內容，連同「恐懼」一起根植在內心深處。

前文曾說過，猶太人絕對不會放棄自己的生命，但是生命並非是永恆的，有人會壽終正寢，也有人會因為疾病或意外而失去性命。當認知到自己的人生即將走到盡頭之際，人們就會將一切託付給下一個世代。猶太教的教誨，就這樣傳承了五千年。

猶太教並不會要信徒只考慮自己的人生，在思考一件事時，他們會把自己的孩子或孫子也一同納入考量。《希伯來聖經》中就記載著這麼一段話：「也要殷勤教訓你的兒女，無論你坐在家裡，行在路上，躺下，起來，都要談論這個。」（《申命記》，第六章七節）

「這個」，指的就是猶太教的教誨。

猶太人是世界上最早實施義務教育的族群，早在公元前，他們就已經請拉比擔任老師來教書。在公元二世紀編撰而成的《塔木德》中，記載著：「一個地方若有一百五十名猶太人，就必須要有一名教師。」

猶太人一直將「拉比」視為當代最偉大的人物，拉比時常出現在《塔木德》的寓言故事中，他們所說的話總是充滿啟發性。要成為拉比，必須接受十年以上的專門教育，除了智力之外，也必須具備良好的人格，相當於現今世界上的「博士」學位。

現代的拉比，每週都會在猶太會堂召開一次讀書會，猶太家庭每週也會邀請拉比到自己家中上課，這種家庭講座對猶太人來說再正常也不過。前文提到，那位教導我「要用神的視角思考問題」的亨利・諾亞也是拉比之一。

不只是諾亞，每一位拉比除了具備豐富的學識之外，更是能言善道、善於聆聽，也善於講經及吸引聽眾。在我讚嘆拉比的指導能力時，諾亞告訴我：「只要是拉比都能做得到。」而建立「拉比」這個教育體制，讓猶太人得以繼承好幾個世代以前的智慧與記憶。

「口耳相傳、延續指導」的教育

另一方面，猶太人也特別致力於家庭教育。女性自古以來就飽受歧視，但在猶太民族則不然，猶太女性在其應有權利方面從未受到歧視。猶太男性很辛苦，每天工作、到猶太會堂進行宗教活動、學習《希伯來聖經》等，相對的，猶太女性的義務幾乎完全被免除。原因在於，古代為了孩童的教育，猶太女性擁有較高的社會地位，在神聖的安息日祈禱中，還有禮讚女性的祈禱。

順帶一提，猶太民族還有「**男性的謊言不可饒恕，女性的謊言則可以被原諒**」這個給予女性特權的說法。

《聖經》提到，亞當與夏娃吃了禁忌之果，夏娃明明是自己決定要吃的，但在面對神的責備時，卻說「是蛇說可以吃的」。但神卻原諒她說謊這件事，僅責罰她偷吃果實一事。這代表女性為了自保而說謊，是可以被原諒的。

美國有一句「Jewish Mother」的俗語，其用法跟日本的「教育媽媽」相同，但卻跟「為了考上東大而激勵、督促孩子的功課」又有所不同。猶太媽媽不會像日本父母一樣，把孩子交給補習班或才藝班，她們重視的是在家中的學習，特別是二、三歲至五、六歲孩子的家庭教育。猶太母親會肩負起相當重要的教育責任，而猶太父親也會參與其中。對猶太民族而言，「教育」本身就是宗教中相當重要的一環。因為有這些熱衷於教育孩子的猶太媽媽，才養成這麼多的猶太偉人，耶穌也是其中之一。

這種猶太家庭或猶太會堂的社群，可將其比喻成「佇立在沙漠中、枝葉扶疏的樹木」，受到樹蔭保護的孩子會成長茁壯。當這群小孩問大人：「我們能為那些保護我們的人做些什麼呢？」

猶太父母會回答：「**等你們長大成人，就把小時候我們為你做的事，再為你的孩子做。**」

如此一來，金錢以外的價值就會傳遞給下一個世代，而《塔木德》中的寓言故事，其意義就在於口耳相傳、延續指導。

接下來，我要介紹「教導如何實施教育」，以及數則跟猶太式教育有關的寓言故事。

十個餅乾的分配方式

若有十個餅乾要分給小孩，可以這麼分配：第一天給一個餅乾、第二天給兩個、第三天給三個，最後一天給四個。這種分配方式會讓小孩滿懷期待與希望。

還有另一個方式是倒過來，第一天給四個、第二天給三個……逐日遞減。或者，一次就給十個餅乾。

在示範各種分配方式之後，父母可以問小孩：「一開始就遇到好事，還是後來才遇到好事比較好呢？」

如此一來，便能得到小孩「後來才遇到好事比較好」的答案。

教會小孩吃苦——告訴他們人生並非總是那麼美好

適度讓小孩體驗辛苦與忍耐

這個寓言故事，是流傳在猶太母親之間，與猶太小孩相處的方法。「人生中的事物並非都是美好的，人必然會遭遇許多困境，尤其是年輕時更是如此」，猶太人會從這個出發點來教育小孩。

大部分的日本小孩都過著相當自由自在的生活。雖然貧困是一個很大的社會問題，但整體來說，貧困階層僅占日本社會的一小部分，可以得到父母給予的手機、遊戲機、擁有自己房間的孩子不在少數。不過，那都是父母或祖父輩的財力使然，若到了兒孫輩時會如何呢？日本有一句話說，「売家と唐様で書く三代目」（變賣家業的人通常是模仿唐樣（中國風書法）的第三代）。[3]如果小孩從小就過著奢侈無度的生活，當失去父母這個靠山時，小孩就會因為缺乏生存能力而無以為繼。現在的日本或許已經走到這個「第三代」了。

在我極端正統派猶太教夥伴的小孩中，完全沒有從小學開始就擁有手機的案例，而這些孩子也沒有對此心生不滿。因為他們從小就被教育，「比起一開始沒經歷過辛苦就得到，忍耐過後的雨過天晴，能獲得更大的快樂」。

甚至，猶太父母也被教導要如何給孩童零食。猶太民族的教誨，相當具體且實用，該怎麼做才能確實達成，都有詳細的指引。因此，孩童自然而然就會理解，比起一開始就得到許多零食，滿懷期待之後再獲得會更令人高興。此外，孩童也會被教導從不幸、艱辛、忍耐至苦盡甘來，以此開啟人生比較好。

3 這句話的意思是，當家業傳到第三代時，後代容易只模仿表面形式（像是寫唐樣書法一樣），而缺乏真正的實力和內涵，導致家業衰敗或遭變賣。

從前的日本應該也有提倡要教導孩童經歷辛苦，不是小孩想要什麼就馬上買給他們，讓他們適度體驗辛苦與忍耐，才能培養孩童的生存能力。相對的，若只會把小孩託付給補習班，讓他們為了考試而念書，最糟的狀況可能會導致「泥棒を捕らえてみれば我が子なり」（抓住小偷一看，竟是我自己的孩子），好一點的狀況也可能是前面說的「富不過三代」，而這全都是未能像猶太民族一樣，確實教導孩童道德與倫理的緣故。

雞蛋的搬運方式

猶太母親吩咐小孩：「你去雞窩，取一些雞蛋來。」小孩便到雞窩雙手抱著一堆雞蛋回到了廚房。

母親問道：「為什麼你要拿這麼多雞蛋過來呢？」

小孩回答：「這樣只要一趟就拿完了啊！」

母親又問道：「就算只要一趟就完事，但如果你在半路跌倒的話，雞蛋就全都不能用了喔！為了避免這種情況，我們該怎麼做才好呢？」

隔天早上，小孩又被吩咐做同樣的工作，這次他分成兩次搬運雞蛋。他沒有一次搬完，而是分成兩趟完成。

「乖孩子，做得好！」母親誇獎了小孩，並給予甜甜的糖果。

從小就灌輸孩子風險管理的重要性

——生活中的機會教育

集中投資型VS.分散風險型

第二章「狐狸與葡萄田」這個寓言故事，講述了如何管理與分散風險，這是猶太人從小就被灌輸的觀念。而「雞蛋的搬運方式」這個故事，就讓孩童實際付諸行動。猶太母親一開始會不給小孩任何提示，等到小孩實際行動之後，才會提出「你為什麼要這麼做」的疑問。這就是提出「WHY」讓孩子思考的教育方式。

猶太母親會不斷地提出「WHY」，養成孩子「思考的習慣」。我敢斷言，日本母親對小孩說最多的話，就是「不行」兩個字，因而才養成日本孩童不善於思考的習慣。

故事中，猶太母親說的「WHY」，讓小孩察覺到自己冒險的舉動，有可能會把雞蛋全部打破，接著母親又問「那應該怎麼辦呢」，母親不會直接告訴孩子答案，因為如果孩子不自己思考，就無法吸收教誨。

孩子絞盡腦汁、力求把搬運雞蛋的風險降到最低，若能找出解決問題的方法，就能得到母親的誇獎及甜甜的獎勵。就這樣，猶太小孩從小便學會「分散風險」的重要性。

接下來，是日本人與猶太人截然不同的「家訓」。

「將三支箭捆在一起，就難以折斷。」（毛利元就家訓）

「將五支箭一支支的分開來。」（羅斯柴爾德家族家訓）

毛利元就「三矢之訓」的故事廣為流傳，意思是說，一支箭很容易折斷，但若把三支箭綁在一起就折不斷了，他以此教導他的三個兒子要齊心協力。而羅斯柴爾德家族五支箭的故事，則與毛利元就的思維完全相反——就算把三支箭綁在一起，若發生一場足以折斷三支箭的災難，那該怎麼辦呢？為了把這種致命風險降到最低，羅斯柴爾德家族把「將五支箭一支支的分開來」作為家訓。相較於毛利元就「三支箭」的思維是「集中投資型」，羅斯柴爾德家族「五支箭」的思維則是「分散風險型」。

羅斯柴爾德家族發跡於十八世紀，是歐洲的猶太裔財閥。家族創始人有五個兒子，但身為父親的他並不打算跟兒子同住，因為他覺得將五個兒子聚集在同一個地方的風險過高，因而刻意將他們分散至不同地區。

五個兒子分別落腳於歐洲各地，包括德國法蘭克福、奧地利維也納、英國倫敦、義大利拿坡里，以及法國巴黎等，藉此謀求讓家族的血脈得以延續——就算某個國家開始迫害猶太人，或者爆發戰爭，家族成員還是有人能存活下去，這就是分散風險的想法。確實遵守這項鐵則的猶太人，就是這樣一路走到今天的。

羅斯柴爾德家族的座右銘是「勤勉、誠實和調和」。此外，據說羅斯柴爾德家族並未受到二〇〇八年雷曼兄弟事件的影響，原因在於他們至今仍堅持維持家族企業的公司經營方式[4]，公司股票完全沒有公開發行，因為他們認為，一旦自家公司掛牌上市，就會被名為「市場」的妖魔附身控制住。

在日本，父母經常告誡孩子「兄弟姊妹要齊心協力」。然而，若孩子們全都居住在同一個地區，若天災發生時，就會面臨全數罹難的風險。在事業上也是，如果所有孩子都在同一間公司工作，萬一公司倒閉，一家人都會淪為無家可歸的流浪漢。

因此，無論把再怎麼堅韌的箭綑綁在一起，依舊有可能被折斷。能充分理解風險並事先想好對策的人，才能在危機中生存下來。

4 二〇一〇年雖然有非家族成員出任公司的CEO，但這僅是將公司經營權與所有權區分開來，羅斯柴爾德家族仍擁有絕對的股東權益。

愚蠢的農夫

某個地方住著一位愚蠢的農夫。他把用於耕作的牛與負責搬運行李的驢子套上同一支軛（用以拉動車子的曲木），打算讓牛與驢子一同前進。但是，由於牛與驢子的步伐不一致，牠們因而停下了腳步。

「為什麼你們兩個都不走了？」農夫對此相當憤怒，不斷地鞭打牠們。最後，牛與驢子被農夫打死了，這使得農夫必須再買新的牲口。

但即便如此，農夫依舊沒有察覺到自己犯的錯，他依舊讓牛與驢子裝上同一支軛，再次不停地鞭打牠們。

農夫這一生就這樣無法脫離貧窮的生活。

重視每位孩子的獨特性——嚴禁齊頭式教育

教育應該是要放大每個人的差異

這是一個從古代流傳至今的寓言故事，說的是一視同仁的教育，絕對不會順利。《希伯來聖經》中明文禁止對孩童實施這種齊頭式教育，以及「護送船隊式」[5]的教育，因為這類教育方式會阻礙孩童的個性發展。猶太人對「教室教育」的弊害可說是再熟悉也不過。

5 意指一種注重集體均衡的教育模式，源自船隊護航的概念——同一個船隊中若有一艘船因為突發狀況減慢航速，其它船艦也會跟著放慢速度，確保問題船隻不會脫離隊伍。這種教育方式強調統一的課程和評價標準，保障所有學生進度相同，避免過度競爭和差異造成的不公平。

猶太民族的教育是為了讓每一位學生都能盡情發揮個性的一對一個性化教學。《聖經》上記載：

「不可共用牛、驢耕地；不可穿羊毛、細麻兩樣摻雜料做的衣服。」（《申命記》，第二十二章十～十一節）

讓牛與驢套上相同的軛（一視同仁的教育）不僅無法讓牠們好好耕田，兩隻動物也會筋疲力盡，因此，不能如此對待身形與力氣皆不相同的動物，而這正是日本的教育現況。在實施一視同仁教育的日本，比起有一門格外擅長的科目，但其他科目都不行的孩子，分數較為平均的學生會得到更好的評價。即便有一科表現優秀，但其他科全都不及格，也有可能被貼上「落後學生」的標籤。這種以「偏差值」判斷優劣的風氣會逐漸抹殺學生的個性。這根本沒有因材施教的思維。

為什麼需要把所有科目教給所有人呢？我認為應該實施重點教育，對於喜歡數學的孩子就教他數學，喜歡國文的就教他國文就好了。我身為一位擁有美國國家資格、執業中的教育顧問，我認為日本的教育制度是世界上最糟糕也最差的。強行教導全科目，再以綜合成績的偏差值來評斷學生，在我看來是百分之百的錯誤。所謂的教育，並非是為了偏差值而存在，應該是「讓孩子的才能開花結果、享受人生」的存在。

據說英國的偉大自然科學家達爾文（Charles Darwin）在年幼時只顧著觀察生物，完全不碰學校的學科。後來他進入劍橋大學專攻生物學，憑藉知名的「物種起源」理論，在生物學史上樹立永垂不朽的偉業。各位不妨去看看蘋果公司創辦人賈伯斯的傳記，他非但不是擅長考試的優等生，而且還是成績差勁的輟學生。

每次只要有日本人榮獲諾貝爾獎，就會引發「太好了、太棒了」的騷動，但過去多數的日本獲獎者，都是透過在重視適性發展的國外大學，或憑藉在國外研究機構的研究成果而獲獎。日本的家電企業聚集了眾多大學畢業的優秀工程師，但即便如此依舊未能推出像蘋果公司的 iPhone、iPad 等產品。

智慧是無法被奪走的資產

猶太父母對孩子的性格養成教育相當投入。在美國，教育最崇高的理想境界是認同每一個孩子的個性，並因材施教。但對猶太民族來說，這是父母自己的職責。由於學校教育是遵循官員或國家的方針，很容易進行標準化，而猶太人之所以執著於家庭教育，是因為他們認為能給予適合孩子教育的人，只有父母自己。

猶太民族是以一對一的家庭教育為中心運作，每一位孩子的學習風格都截然不同。日本人厭惡「與其他人不同」，猶太人則完全相反。我認為正是這種教育方式，讓猶太人的諾貝爾獎得主輩出。

為什麼猶太人會如此重視幼兒教育呢？看到這裡，各位應該已經知道了。猶太人經常面臨受到迫害的危險，像是金錢、物品、不動產等有形資產使用了就會消失，而土地與建築物也隨時可能被權力者剝奪。唯有深植心中的倫理意識、道德準則，以及開創人生的智慧，才是真正可以安心傳承的財富。這些不可動搖、世代相傳的價值與倫理觀，由母親傳給孩子，再由孩子傳給孫子，這才是猶太人真正的資產。

透過教育傳承的無形資產，既奪不走，也不會產生繼承稅，也因此猶太教格外重視教育與智慧的傳承。

購買旋律的青年

某個村莊住著一位在富裕家庭長大的女孩，女孩的父母是相當虔誠的猶太教徒。當女孩到了適婚年齡，她的父母便開始物色女婿的人選。

隔壁村子有一位青年，家境雖然不富裕，但卻是由正直的雙親撫養長大。這位青年是相當優秀的猶太年輕人，他認真閱讀《希伯來聖經》，每天都會到猶太會堂報到。女孩的父母相當中意這個年輕人，因而兩家就談妥了婚事。

女孩的父母給了青年一筆錢，讓他去市場準備婚禮所需的物品。在前往市場的途中，青年突然聽到了一段美妙的旋律。他試著去尋找聲音是從哪裡傳來的，仔細一看，原來是一位牧羊的牧童在彈奏豎琴。

青年拜託牧童說：「請務必要把這個旋律教給我。」

牧童說道：「如果給我一百謝克爾幣，我就教你吧。」雖然這是一筆大錢，但青年還是付了錢向牧童買了旋律。

但是，當青年到了市場，正打算開始採購時，才發現自己已經忘記剛剛買的旋律了。青年於是又折了回去，懇求牧童說：「請你再教我一次。」

牧童說道：「好啊，一百謝克爾幣。」青年又再次付了錢，買下了旋律。

結束市場的採買之後，青年在回家的路上，又聽到了另一段旋律。原來，那是同一位牧童在演奏同一首曲子的後半部。青年便請求牧童說：「請告訴我剛才那首曲子後半段的旋律。」但青年發現，自己剛剛已經在市場把所有錢都花完了。青年只好跟牧童說：「我能不能用剛剛採購的婚禮用品來代替一百謝克爾幣呢？」

「好啊！」牧童答應了，便將曲子後半段的旋律告訴了青年。

當青年回到未婚妻的家後，女孩的雙親問道：「你買了些什麼東西呢？」青年一五一十地把為了購買旋律，把錢全都花完的事說了出來。沒想到未婚妻的父母卻沒有生氣，反倒大大地讚揚了青年：「這才是配得上我女兒的對象！」

後來，青年費了一番功夫製作出自己的豎琴，演奏了那首曲子的旋律，接著他又把旋律教給了更多人，讓他們也感受到幸福。

多年之後，當青年蒙主寵召的時候，他居然在天堂聽到了那首曲子的旋律。他的靈魂因此得到了平靜。

聚焦那些「無形之物」——知識的價值更勝於物質的價值

與猶太人一起發展的電影藝術

這位猶太青年購買的旋律，可視為是音樂、美術、戲劇、舞台藝術、芭蕾等藝文活動及學問，代表知識及精神層面的活動價值，更勝於金錢或工具等物質層面，這也是猶太民族相當有名的寓言故事。不只是旋律，也有以金錢換取故事或舞蹈等各種不同的版本，在世界各地的猶太母親口中，用說故事的方式傳承給下一代。

故事中的青年為了「無形」的旋律，把原本要用在自己婚禮上的錢花光了。雖然有婚事告吹的風險，但除了受到女孩雙親的稱讚之外，神還賜予他內心的平靜。孩童也能藉由這個故事的內容，提高對藝術的興趣，察覺到「無形之物」的價值。

在音樂的世界中，無論是演奏家，還是將其轉化為商業模式的製作人，都不乏猶太人的身影。音樂、美術、戲劇和電影，都是能夠跨越國界、打動人心的藝術形式。歌劇中甚至有以《希伯來聖經》為題材的作品，音樂可說是最貼近猶太人心靈的藝術形式。

在日本或許鮮為人知的是，電影的發展其實與猶太人密不可分。如今電影公司林立，但在過去，電影是由七大電影公司主導的產業，而這些公司的創辦人全都是來自東歐的第一代或第二代猶太移民。

例如，創作出賣座電影《大白鯊》的環球影業創辦人卡爾・拉姆勒（Carl Laemmle，一八六七～一九三九）是德裔猶太人，而打造出《法櫃奇兵》系列的派拉蒙影業創辦人阿道夫・祖克爾（Adolph Zukor，一八七三～一九七六）則是匈牙利裔猶太人。其他像是二十世紀的福斯、米高梅、華納兄弟、哥倫比亞影業，以及後來被米高梅併購的聯藝影業（United Artists），其創辦人也都是猶太人。大名鼎鼎的導演史蒂芬・史匹柏，以及眾多好萊塢影星也都擁有猶太血統。

猶太人之所以投身電影產業，不僅是因為他們看到了其中的「商機」，更是出於對猶太文化的自信與熱情，他們抱持著希望藉此為猶太移民提供文化娛樂的遠大志向。然而，為了讓更多人享受看電影的樂趣，他們在電影內容上刻意淡化了猶太色彩和宗教元素，而這個策略的確發揮了作用，低價的娛樂電影迅速傳播到全世界，成為人們歡愉的來源。

猶太人讚頌音樂、藝術和電影等「無形之物」的價值，並將之巧妙地結合商業，這正是猶太文化的特徵——無論是知識或精神層面的活動，所有人類追求的事物都能與商業結合。

猶太人見多識廣、持續學習新事物的生活態度，使他們在商業上擁有敏銳的判斷力，並確實引導他們走向成功之路。

貧窮夫妻的三個願望

某個村子住著一對貧窮卻相當虔誠，過著簡樸生活的夫妻。有一天，先知以利亞裝扮成貧苦人家的模樣現身在他們身旁，向他們討一杯水喝。這對夫妻見狀，說道：「您一定遇到困難了。請喝杯茶，順便也吃些麵包再走吧。如果您方便的話，今晚請留下來跟我們共進晚餐吧。」說完便邀請他進屋。晚餐時刻，夫妻倆盡可能地準備一桌豐盛的餐點，熱情地款待以利亞。

席間，以利亞對夫妻倆說道：「為了感謝你們的善心，我要實現你們三個願望。」夫妻倆聽了，喜出望外地說道：「我們家實在是太小了，希望能住在大房子裡。還有，我們身上的衣服破破爛爛，希望能穿上漂亮的衣裳。最後，我們的生活實在太困苦了，希望能得到一些金幣。」

第二天早上，當這對夫妻醒來時，發現他們的小屋已經變成一座被寬敞庭院圍繞的豪宅，身上的衣服也都變成了華美的衣裳，桌上更擺滿了數不盡的金幣。而以利亞已不見人影。

三年之後，先知以利亞再度來到這個村子，這次他同樣也是以相當貧窮的裝扮現身。當他再次去拜訪那對夫妻時，發現他們家的四周圍起了高大的柵欄，門口的守衛還牽著看門狗。

當以利亞提出「請給我一杯水」的要求時，守衛回答他說：「這裡不是你這種人來的地方。」並打算讓狗攻擊他。

聽到狗吠聲，這一家的主人前來查看，他看了以利亞的窮酸樣一眼，丟下一句「去去去，快走！」隨即轉身進屋。

「成為有錢人之後，就完全忘了對貧苦之人的關懷。當年的你，明明還有一顆善良的心，如今怎麼變成這副模樣？」以利亞的話音剛落，隨即收回了先前實現這對夫妻的三個願望。

隔天，當這對夫妻起床時，發現自己又回到了那間小房子、身上穿著破舊的衣服、身旁連一枚金幣也沒有的生活。

夫妻倆便在貧窮中度過了餘生。

現代社會的互助精神——持續伸出援手才是真正的相互扶持

三一一大地震改變日本人了嗎？

在第一章中，我們已介紹過猶太人的「Tzedakah」，也就是捐贈的習慣，「對貧困者伸出援手」這個教誨，在《希伯來聖經》中隨處可見。藉由前面這個寓言故事，猶太母親會向小孩講述關懷和援助貧弱者的重要性。

猶太人的慈善義舉，一般都要求要捐出實際收入的十分之一，這是一筆不小的錢。以日本人的生活水平來說，若年收入為四百萬日圓、實際拿到三百五十萬日圓的話，那麼每年就要捐出三十五萬日圓。

如果收入再低一些，負擔就會更重。但即使如此，虔誠的猶太人依然會持續做捐贈。我所認識、住在世界各地的猶太朋友們，他們把慈善捐贈、社群活動和志工服務等，都視為是理所當然的責任。

我太太在成為猶太教徒之後，幾乎每週都自費前往紐約或全美各地的醫院、養老院，演唱歌劇、音樂劇或流行歌曲。包括交通費在內的所有費用均由她自理，她所花費的時間甚至超過自己三分之一的自由時間。

在猶太社會裡，義工會給予貧困者協助與支援。由於猶太人勤奮自立，因此即使是接受援助，也不會有人願意長期依賴他人。從宗教的角度來說，依賴或接受他人過多的幫助是不被允許的。不過，確實有些人會因為長期找不到工作，或者因為體弱多病、無法工作而深陷貧困之中。

我因為工作的關係，曾去過幾次西班牙的瓦倫西亞。當地有一個猶太社群，我在那裡遇到了一位老婆婆，她經歷了納粹大屠殺，失去了所有的家人和親屬，無依無靠，背負沉重的過去獨自生活著。如今已高齡九十歲的她，由於行動不便，需要有人照顧她的日常起居。

在拉比的協調下，由四位年輕的猶太義工，輪流照顧這位老婆婆。義工每天會到她的住處協助打掃並準備三餐，所有服務皆是無償的。無論是在哪一個城市，都能見到這種猶太人之間的互相幫助與扶持的景象，而猶太人正是靠著這種互助精神，攜手度過生活的挑戰。

相較其他國家，日本雖然很富裕，但卻並未形成一種將每年收入的絕大部分回饋給社會的長期捐贈文化（無論是否遇到地震等災難）。從猶太人的角度來看，這是相當可惜的事。

無法扎根於日本的捐獻文化

若比較日本和美國的捐款金額，即便不考量經濟規模的差異，日本的捐款金額仍僅有美國的三十分之一。在泡沫經濟時期的日本，部分企業曾基於慈善精神贊助藝術活動，如今幾乎已完全停止。儘管如此，卻仍然有許多企業願意向職業棒球這種純商業性質的活動投入大量資金。可以說，日本與猶太民族的行動方向截然不同。

在歐美，許多知名美術館或基金會都是由富豪或財團設立的。已破產的雷曼兄弟公司就曾是全球歌劇殿堂——紐約大都會歌劇院的最大贊助者。音樂殿堂——卡內基音樂廳是由安德魯・卡內基（Andrew Carnegie）耗資當時的三百五十億日圓（相當於現今的七千億日圓）建造而成的。另一個全球藝術殿堂——大都會藝術博物館，則是由《讀者文摘》（*Reader's Digest*）的經營者捐出約四百五十億日圓建造而成。

微軟創辦人比爾蓋茲和投資家巴菲特的善行也廣為人知，他們都以數兆日圓規模的巨額捐款投身於慈善事業。我曾擔任麥可・傑克森（Michael Jackson）的日本代理人，他生前向各界捐款的金額也高達約五百億日圓。

此外，同為猶太人的前紐約市長彭博（Michael Bloomberg）曾捐贈約翰霍普金斯大學三百億日圓；猶太裔投資家索羅斯捐出約六千億日圓；同為猶太人，以LEVI'S牛仔褲聞名於世的李維・史特勞斯（Levi Strauss）也捐贈了數百億日圓給多個機構。至於蘋果公司的共同創辦人沃茲尼克（Stephen Wozniak），更是把他全部的財產捐給了他所居住的洛斯加托斯（Los Gatos）市內的各間學校。

雖然日本與美國的稅法不同，但日本人普遍認為「幫助有困難的人，是政府的責任」，這種觀念已過於根深蒂固。

猶太人的「Tzedakah」其實也包含了「富人在獲取財富時，對曾提供自己幫助者進行回饋」的涵義。儘管這筆錢並不是直接交到這些人手上，說到底，這其實就是一種社會回饋。

此外，或許是因為我們人類污染了神創造的地球，因此多少希望能為環境盡一份心力，於是會捐款支持環保。金錢若是用於他人的福祉上，總有一天還是會回到自己身上，這便是「相互扶持」的觀念。

我曾多次看到猶太母親把零錢交給孩子，教導他們「把這個拿給乞討的人」或是「把這個放進捐款箱裡」。由於這是他們平常就一直在做的事，所以舉止也顯得相當自然。為了他人使用自己的金錢、照顧遇到困難的人，對猶太人而言都是理所當然的事。

伊斯蘭的捐款文化與猶太人相似，同樣都在社會中根深蒂固。歐美地區在基督教文化的影響下也經常捐贈。紐約的地鐵裡，經常會有乞討者穿梭在車廂之間，許多人會特地打開錢包給予零錢，雖然有時是因為受不了對方在附近停留太久，但捐款文化已在地鐵裡深深紮根；歐洲之星（Eurostar）從巴黎北站出發的列車上，也經常可以見到乞討者。

在猶太人眾多的新加坡，有銀行的慈善部門與顧問公司，專門為大富豪提供捐款諮詢的服務。我和太太在美國或歐洲，如果身上沒有零錢，也會特地用信用卡在超市或餐廳購買食品，送給在外頭等待的流浪漢。

在日本，也有沒有收入、無法支付房租，甚至水電瓦斯都被停掉的人。這些人被迫搬離住處時，該如何生存呢？沒有辦理住民票，便無法領取生活補助。無法納入生活補助的這些人，在日本是否能靠乞討維生呢？

日本社會對此並不包容，不知道是受日本特有的「恥」文化的影響，還是因為警察會管制，或是因部分年輕人對流浪者的暴力行為，這些原因都使得乞討這個行為蒙上了恐懼的陰影。

如果相互扶持的文化和精神能在日本紮根，同樣是貧窮，其樣貌或許就會大不相同。至少，孤獨死與自殺的人數應該都能有所降低。

「無論你再有錢，
只要缺乏互助精神，
就等同食之無味的豪華料理！」

——猶太格言

後記

迄今為止，本書介紹了如何解決金錢、商業、兒童教育的問題，以及藉由度過各式各樣的人生試煉，藉此呈現猶太民族在遵循《塔木德》寓言故事的過程中所體現的思維模式及可實踐的智慧。這些猶太寓言故事和格言，蘊含了許多具體的指引，目的是為了讓每一位平民百姓都能過上充實且幸福的生活。相對的，在日本的寓言故事和格言中，似乎有許多被迫逞強，或是面對權力者美化自我犧牲的內容。如果按照日本這些寓言故事或格言的教導行事，最終是否會導致平民陷入不幸，而僅有權力者（政治家或官僚）才能享受富裕呢？

當我察覺這樣的差異時，內心震驚不已。我希望未來日本人能夠學習猶太人《塔木德》的智慧，看穿那些意圖剝奪平民百姓財富的邪惡權力者，識破他們的陰謀，並確實的進行自我防衛。希望大家能夠了解猶太民族的現實主義，更期待每個人都能透過這本書找到屬於自己的幸福。這就是我撰寫這本書的主要動機。

「希望遇見理想的家人與伴侶、過著幸福的生活」，這應該是人類普遍的願望吧！那麼，究竟何謂幸福呢？

本書反覆提到，猶太民族在其五千年的歷史中不斷強調，幸福與金錢或物質上的滿足無關。猶太教的教義認為，幸福是指「幸福感」。某些事情即使有人視之為不幸，卻也可能會讓其他人感受到幸福感，重點在於內心的感受。本書所介紹的寓言故事，可說試圖以各種方式引導人們理解：如何把使人痛苦、煩惱的「不幸感」轉換成「幸福感」。

在本書最後的總結中，我將為各位介紹猶太教如何教導人們打從心底享受人生、感受幸福的具體實踐方法。

讚美他人

沒有什麼比受到他人的認可與讚美，更能帶來幸福感的了。正因如此，我們不應該只是等待他人的讚美，而是要主動去讚美他人。這樣至少能讓對方感受到幸福。猶太文化認為，能為他人帶來幸福，就是一種能回饋自身幸福的善舉，「讚美他人」甚至可說是一項義務，希伯來文稱為「Aleinu L'shabeach」。

各位不妨從自己身邊最親近的人開始，例如妻子、丈夫，以及孩子等，去讚美他們吧。

思考自己「為什麼會來到這個世界」

你可以思考「當你離世後，世人會如何評價你」。若不進行這樣的反思，無論多麼努力工作，最終都可能迷失，不知道自己究竟是為了什麼而忙碌，進而被不幸感包圍。

「我為什麼會來到這個世界」這個問題，跟「人生中的具體目標」有所不同。升遷、創業賺錢、考進名校，這些都是現實中的目標與目的。然而，來到人世的真正意義，正如同畫家高更所問的那樣：「我們究竟從何處來？又要往何處去？」即便是失業、沒有伴侶的人，也都擁有自己在這個世界上扮演的角色。與其哀嘆眼前的不幸，不如持續追問自己在這個世界的意義是什麼。這種探求正是支撐我們度過人生的力量泉源，將為我們帶來真正的幸福感。

養成每天做「善事」的習慣

猶太教是將如何實現理念或理想的具體方法，視為「戒律」的宗教信仰。其中一個例子就是「Mitzvot」（米茨沃特，即戒律）。所謂的米茨沃特，指的是照顧無依無靠的老人、陪伴病人、給予流浪漢零錢，或是提供餐點給他們等做各種善行。

遵守戒律，便是將自己來到世上的目的，具現於日常生活中，而猶太教更教育人們，每天都要再進步一點點。當然，不用說也知道，最大的善行莫過於學習《妥拉》。

比起說話，倒不如仔細聆聽

比起「說話」，「聆聽」更能帶來幸福感。猶太教是一個「示瑪」的宗教，示瑪就是「聆聽」的意思。猶太教認為，人類有兩個耳朵，卻只有一張嘴，正因為要仔細聆聽才能帶來幸福。

仔細聆聽他人說話，意味著：①認可對方的存在、②向對方敞開心房、③進而尊重對方。

相對的，若不仔細聆聽他人說話，就代表：①無視對方的存在、②向對方關上心房、③輕視對方。對於身邊那些主動向我們攀談的人，該珍惜看待還是要冷漠以對？哪一種方式更能為自己帶來幸福感？答案顯而易見。

我有一位住在巴黎的猶太友人，他是一位工作狂，也是一位名氣響亮的富豪，但他的妻子最終還是選擇跟他離婚。這位友人跟我說，「從珠寶到皮包，只要是她想要的，無論多貴我都會買給她。我甚至還為她買了一艘可以環遊地中海的遊艇。每當她說想出遊時，我都讓她搭乘頭等艙，從未讓她吃過苦頭。但為什麼我們還是走到離婚這一步呢？」我刻意不置可否。這位富豪雖然給予妻子金錢和物質上的滿足，但卻始終沒有敞開心胸、傾聽妻子說的話。所以妻子跟他在一起並無法感受到幸福感。

如果光是「傾聽」就能讓人感受到幸福，那麼為什麼不試著去讓你身邊的人也感受到幸福呢？如此一來，你自己也能獲得「讓別人感受幸福」的幸福感。

度過「幫靈魂隔絕一切噪音」的一天

猶太教有一條戒律——每週必須強制有一天要與家人共度，而且不能被任何事干擾。在這段時間中，打電話、看電視，甚至是工作等活動都是被嚴格禁止的。我們的日常生活都被手機、電郵、傳真、電話、影印、列印、掃描、Google、PPT等科技所擺布。在我年輕時，桌上除了電話之外，幾乎沒有其他東西，但當時的生活卻比現在還要充實，生活步調也更加從容。

因此，我們每週至少要有一天能擺脫這些束縛，和你的伴侶（單身者亦可和貓狗等寵物，甚至是與你內心的「信仰對象」相伴）共度片刻，悠然對話。幸福感就如同呼吸，必須「吸氣」與「吐氣」兼備才能保持流暢。呼吸時，若強迫只能「吸氣」的話就會窒息，因此必須適時、緩慢地「吐氣」。猶太教將這種吐氣稱為「Liberate yourself」，意思是要你從各種限制中Liberate（解放）自己。讓「吸氣」與「吐氣」得以調和，進而體現幸福感。

即使遭遇不幸，也絕不可放棄

無論是誰，在人的一生中難免都會遇到不幸或厄運，可能是交通事故、因眼疾而失明，甚至摔倒導致下半身癱瘓等。像這種時候，我們該如何與幸福感連結呢？

對此，猶太教的教導是「Transform suffering」，即「轉化苦難」——某天晚上，雅各不幸遭受天使襲擊，奮勇與之搏鬥到天亮的故事，正是猶太人在面對不幸時的重要指引。雅各在受襲時毫不放棄，持續奮鬥。「Suffering」意指苦難、不幸，而「Transform」則是轉化之意。「拒絕成為苦難的犧牲者，不斷奮鬥，直到將其轉化為燃起希望之光」，這便是猶太民族在五千年歷史中汲取的智慧。

猶太人經歷的苦難不勝枚舉：被納粹屠殺了六百萬名同胞、被巴比倫帝國俘虜、被羅馬軍隊摧毀聖殿、被希臘軍隊禁止猶太教儀式與禱告、被十字軍濫殺，以及中世紀時，被隔離在一個潮濕又狹小，名為「隔都」的地方，同時還被禁止從事農業和工業等等。即便經歷這些數不清的苦難，猶太人依然能「轉化苦難」，創造出得以帶來幸福的事物。

摩西曾說過一句相當偉大、出自靈魂吶喊的話——「活下去，這性命，這一生！」而猶太人在乾杯時所說的「L'chaim」，也是「為生命乾杯」的意思。

正因為我希望日本人在面臨艱難時刻時，依然能堅強的活下去，我在本書中對日本人流露出較為嚴苛的批評。但是我想傳遞的訊息就只有一個：各位日本人，切勿成為苦難的犧牲者（Victim）。讓我們一起來「轉化苦難」吧！

接受苦難，並奮力超越它，這絕非是單純的忍耐，而是要奮戰到將之轉化成另一道光芒，直到征服它。

二〇一二年三月於瑞典自宅

石角完爾

塔木德 人生實踐版

日裔猶太教權威親授，吸引金錢、好運與幸福的千年祕典

ユダヤ人の成功哲学「タルムード」金言集

作　者　石角完爾
譯　者　涂綺芳
主　編　郭峰吾

總編輯　李映慧
執行長　陳旭華（steve@bookrep.com.tw）

出　版　大牌出版 / 遠足文化事業股份有限公司
發　行　遠足文化事業股份有限公司（讀書共和國出版集團）
地　址　23141 新北市新店區民權路 108-2 號 9 樓
電　話　+886-2-2218-1417
郵撥帳號　19504465 遠足文化事業股份有限公司

封面設計　BIANCO TSAI
排　版　新鑫電腦排版工作室
印　製　博創印藝文化事業有限公司
法律顧問　華洋法律事務所　蘇文生律師

定　價　420 元
初　版　2024 年 11 月

電子書 E-ISBN
978-626-7600-07-8（EPUB）
978-626-7600-06-1（PDF）

國家圖書館出版品預行編目資料

塔木德【人生實踐版】：日裔猶太教權威親授，吸引金錢、好運與幸福的千年祕典 / 石角完爾 著 ; 涂綺芳 譯 . -- 初版 . -- 新北市 : 大牌出版 , 遠足文化事業股份有限公司發行 , 2024.11
304 面 ; 14.8×21 公分
譯自 : ユダヤ人の成功哲学「タルムード」金言集
ISBN 978-626-7600-08-5（平裝）
1. 猶太民族　2. 民族文化　3. 成功

536.87　　113015085